棒棰岛·『金苹果』文艺丛书

夏君

XIA JUN

滕贞甫　主编

大连出版社

© 滕贞甫 2016

图书在版编目（CIP）数据

夏君 / 滕贞甫主编. —大连：大连出版社，2016.12
（2024.8重印）
（棒棰岛·"金苹果"文艺丛书）
ISBN 978-7-5505-1126-2

Ⅰ.①夏… Ⅱ.①滕… Ⅲ.①夏君—生平事迹
Ⅳ.① K825.78

中国版本图书馆 CIP 数据核字 (2017) 第 002754 号

策划编辑：张　波
责任编辑：金　琦
装帧设计：蓝瑟传媒（大连）有限公司
责任校对：安晓雪　乔　丽
责任印制：徐丽红

出版发行者：大连出版社
　　　地　址：大连市西岗区东北路 161 号
　　　邮　编：116016
　　　电　话：0411-83620573/83620245
　　　传　真：0411-83610391
　　　网　址：http://www.dlmpm.com
　　　邮　箱：dlcbs@dlmpm.com
印　刷　者：三河市双升印务有限公司

幅面尺寸：170mm×230mm
印　　张：10.5
字　　数：120 千字
出版时间：2016 年 12 月第 1 版
印刷时间：2024 年 8 月第 2 次印刷
书　　号：ISBN 978-7-5505-1126-2
定　　价：68.00 元

版权所有　侵权必究
如有印装质量问题，请与印厂联系调换。电话：15100673332

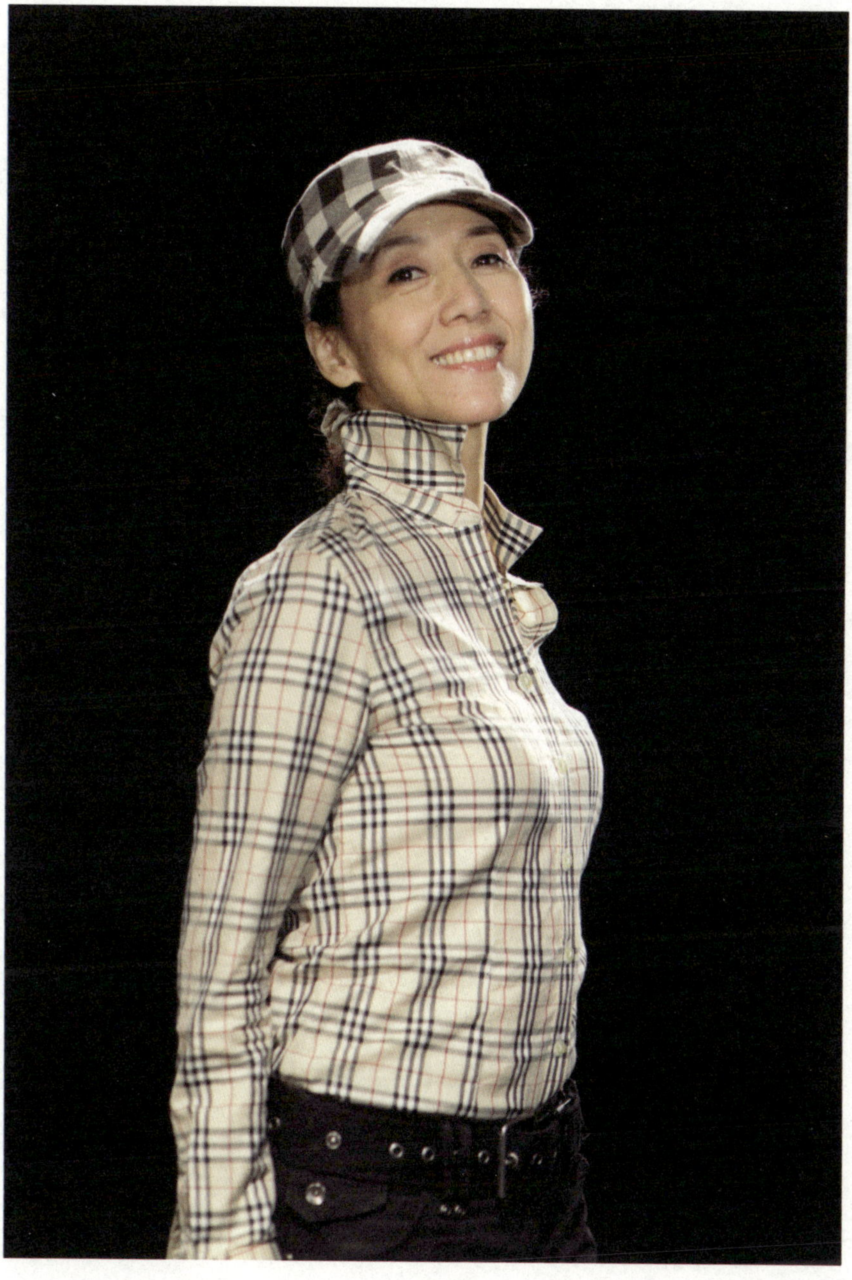

夏 君

毕业于中央戏剧学院，国家一级演员，被文化部定为"尖子演员"，享受国务院特殊津贴。现任大连话剧团副团长，中国戏剧家协会会员，辽宁省戏剧家协会理事，大连市戏剧家协会副主席，大连市第九届、第十届政协委员，大连市第十五届人民代表大会代表，大连市青年联合会常委，大连市妇女联合会执委。荣获全国劳动模范、全国巾帼建功标兵、辽宁省劳动模范、辽宁省优秀专家等荣誉称号。

从艺三十余年，在《雷雨》《饥饿海峡》《女强人》《太平庄》《大红楼》等四十余部话剧中成功塑造了一系列色彩鲜明的艺术形象。曾荣获第九届中国戏剧最高奖"梅花奖"，第五届中国话剧最高奖"金狮奖"，第二届中国话剧"振兴奖"，第二届、第十二届辽宁省戏剧"玫瑰奖"、大连市政府文艺最高奖"金苹果"奖等，被选入大连市"十位有影响的文艺人物"。

目录 Contents

● **苦乐人生** ……………………………………………… 001

为你而来 …………………………………………… 002
行者篇：一路艰辛，一路风景 …………………… 003
　启蒙者 ………………………………………… 003
　艺考之路 ……………………………………… 009
　冷板凳和大熔炉 ……………………………… 012
　第一个角色 …………………………………… 015
　严师指路 ……………………………………… 017
　与四凤结缘 …………………………………… 029
　泰斗领我走出"饥饿海峡" …………………… 040
　一部戏使我获得"女强人"的美誉 …………… 046
　在响雷暴雨中前行 …………………………… 052
　在《父亲》的大家庭里成长 ………………… 062

感恩篇：怎一个谢字了得 ………………………… 070
　成长的摇篮 生活的家园 …………………… 070
　妈妈，我想对您说 …………………………… 076
　女儿，妈妈不是不爱你 ……………………… 089

播种篇：人生的另一个舞台 ……………………… 097
　做传道授业的有心人 ………………………… 097
　做文化惠民的志愿者 ………………………… 101

结语 ………………………………………………… 109

慧眼识珠 113

乘风破浪继续向前 114

夏君印象 116

准确深刻、富有创意的形象创造
　　——谈夏君演《雷雨》中的蘩漪 118

浅析夏君的舞台创造 122

夏君让蘩漪雷雨般爆发 124

剖析毫厘　透视灵魂
　　——谈夏君的表演功力 126

搬着石头上山的人
　　——夏君表演艺术印象 129

声朗朗吐纳五味心语　情切切演绎七彩人生
　　——浅谈夏君的话剧表演艺术 131

春华秋实 133

超越自我　探求表演新思维
　　——扮演蘩漪的点滴 134

梅花精神，永映中华 137

作品展示 139

艺术年表 158

苦乐人生

舞台空间虽小,却使我品尝到了人生百味。我感到真正的强者不是要压倒一切,而是不被一切所压倒。当你拼命工作、全心投入创作的时候,你会感到一种最纯真的幸福降临,会感到生活原来如此美好。无论面对什么诱惑,我也不舍心中的追求,不舍我的戏剧舞台。

为你而来

金秋十月，人们常讲是收获的季节，但是，不能忘记这之前有过多少艰辛的耕耘和劳作。我此生为了在话剧舞台上有所收获而努力过。历经几十年的拼搏奋斗，我终于一步一个脚印，一步一个台阶，踏踏实实地走上了中国戏剧最高奖"梅花奖"的领奖台。

天遂人愿，那天，北京的天格外蓝，云朵如絮，连空气都透着清新。

"祝贺你夏君，你用《女强人》这部外国戏拿到'梅花奖'，这是'梅花奖'设置以来的首次，不容易啊！"这是评委王育生老师的声音。

"祝贺夏君，你是东北话剧界第一个拿到'梅花奖'的女演员！"这是评委黄维钧老师的话。

接着，一双大手捧着"傲雪梅花"的奖盘走了过来，恍然间，对眼前发生的一切，我都不敢相信。这个在中国剧坛璀璨娇艳的"梅花奖盘"，此刻竟然捧在了我的手上，心中不禁希望陡增，生命有了更强力的支撑。一时间，许多往昔的回忆一下子涌进脑际，泪水不由自主流了出来，脸上却是幸福的笑。

我不知怎样讲我的故事，我的故事在很远很远的地方，那里是摇篮，是梦想。我不知怎样讲我的理想，我的理想在很近很近的地方，这就是缤纷绚烂的舞台，这就是令我心驰神往的戏剧梦想。

戏剧，你让我痴，你让我狂，你让我有了今天的金色记忆。

行者篇：一路艰辛，一路风景

启蒙者

我是如何走上艺术道路的？有人说从事艺术的人主要靠天赋。如果要说所谓的天赋，那得先从我的父亲谈起，因为他是我美梦成真的引路人，我的启蒙者。

父亲是胶东半岛牟平人。当年家境还算殷实，父亲在山东老家读过私塾，念过小学，1947年参军，后来当了大连市民政局干部。他会拉胡琴，并经常在《大连日报》上以笔名"夏天"发表报道和文章，堪称高产通讯员，在大连市民政史上是值得提及的角色。早在山东老家的村里，父亲就是个文娱积极分子，拉二胡，唱京剧，有时还演地方戏和文明戏（又称新剧，中国早期话剧），加上在烟台念过书，受过城市文明和进步思潮的熏染，在农村算得上是个文化人。陈毅在山东招兵时父亲就参加了解放军，随部队进驻了上海。他在部队文工团搞过戏剧和歌曲创作，曾创作过小话剧,写过歌词,编写过《如何简易识简谱》的小册子。他还自学拉小提琴,是文工团小提琴演奏员兼乐队指挥。听父亲说,当时长影乐团的总指挥尹升山就是他的老师。在师文工团,他还和铁牛、仲星火等人一起工作过。

应该说,我在姐弟五人中更多地继承了父亲身上的文艺细胞。而父亲也把他的理想和对未竟事业的希冀放在了我的身上。严格意义上讲,是父亲把我带进舞台,让我一发不可收地喜欢上了舞台这一方天地。

儿时的记忆至今鲜活。那三层小楼下的大空地,就是观众席;临时用小桌、木板搭建的小舞台,就是我理想驰骋的天地……

父亲经常教我唱《洪湖赤卫队》的主题曲《洪湖水浪打浪》,以及《红梅赞》《听妈妈讲那过去的事情》等歌,还不时用二胡伴奏。父亲很严厉,我唱不好或不用心时,挨揍也是常有的事。

父亲母亲非常好客,周末家里常会聚一些朋友。父亲要我唱歌,在客人面前清唱一段,以博大人的欢乐。我最乐意的是,唱好了,客人连连夸奖,父亲脸上

光阴荏苒,磨不掉父母养育的辛劳;岁月如梭,擦不去兄弟姐妹的天真稚气(前排右起:父亲、大弟、母亲、小弟;后排右起:大姐、我、妹妹)

会呈现出有成就感和十分欣慰的样子，偶尔还会奖励我一根两分钱的冰棍。最不乐意的是，一有客人来就要唱。烦了的时候，我就特意唱走调，让父亲难堪。要弄这样的小伎俩，必会换来客人走后挨板子的结果。我的手掌被打得生疼，母亲便来护着我，可打总是免不掉的。

出生六个月

邻居都知道我爱唱爱跳，那阵子我也算是个人物。很小的时候我就不怯场，敢于当众表现，在父亲的调教下，我也变得善于表现。当时我就是因为唱歌表演而受到父亲宠爱的，他总让姐姐和妹妹多干一些家务活，我为此沾沾自喜，在姐妹们面前颇有些自傲。

我家住在大连人民广场附近的一幢日式建筑的三层楼上。每逢夏季来临，广场附近便成为一个小小的欢乐港湾，街坊邻居自发地用小板凳和破长条椅支起了一个简陋的小舞台。夜幕降临，华灯初上，邻居们纷纷举家前来占据最好的位置，一场便民惠民的演出就要开始了。父亲担任总导演兼琴师。母亲则做一些类似剧务、舞台监督兼服务员的工作，她时而催场，时而用大水壶跑前跑后地为大家的大茶缸子里续水。父亲先咳嗽一声，接着琴声一响，表演就算开始了。我走在临时搭建的颤颤悠悠的小舞台上，给大家鞠一个躬，就唱起了"洪湖水啊浪打浪""花篮的花儿香，听我来唱一唱""手拿碟儿敲起来"等那个年代最流行的歌曲，并一首接一首不停地演唱。掌声、叫好声一次比一次响，路人驻足围观，场面越来越大。后来，小舞台搬到附近胡同里一座独立的敞开式庭院里，那里就成了那条街上名副其实的"民众音乐剧场"。那时的周末只休息一天，每逢休息日人们便早早吃完了晚饭，占据了最好的位置，等待欣赏这个没有经过任何装饰的小舞台上的"演唱"，演员就是"夏家的五姐弟"。每到这时，整个庭院就洋溢着祥和与温馨、欢乐而惬意的氛围。这台"小晚会"够丰富多彩的了，有独唱、二重唱、京胡独奏、小提琴独奏和二胡演奏，还有京剧选段。最精彩的当属压轴戏现代京剧《沙家浜》选段——《智斗》，我扮演阿庆嫂，弟弟扮演刁德一，父亲扮演胡传魁，我们一下子就把晚会推向了高潮……我居然成了小巷舞台上的"角儿"。

我5岁时父亲开始对我进行较为正规的训练，教我识简谱、唱歌。为了让我练好歌，父亲还特意准备了一把小木尺，如果我唱错了或偷懒耍滑了，他就用小木尺打我的手心，以作惩戒。那一下子足以让我刻骨铭心。为了练好《南泥湾》，我也不知挨了多少打，为这事，一向善解人意、从不和父亲吵嘴的母亲竟气势汹汹地和父亲吵起架来。后来父亲又让我学琴，反正学的样数越多，我挨打的次数也越多，以至于每天吃晚饭的时候一见父亲放下碗拎起二胡，我的身子就抖作一团。

我那时年幼，不理解父亲的良苦用心，打疼了就跑到厕所里把门一关，对着墙壁悄声骂父亲："坏爸爸，坏爸爸！"气急了，我还会跺着脚再来两句："坏死了，坏死了！"父亲对子女教育的严厉和偶尔简单粗暴的方法使儿女们都惧怕他。记得有一次我练得实在太累了，就趴在楼上的护栏边观看楼下的小伙伴玩耍，他们玩得那么有意思，那么开心。强烈的诱惑让我忍不住了，索性也溜到楼下去玩，边玩边担心被父亲发现，因为一旦被父亲发现那后果不堪设想。邻居小伙伴都知道父亲的严厉，很仗义地主动到父亲下班回家的路口站岗放哨，一见到父亲的身影便像电影《鸡毛信》里"推倒消息树"一样给我发出信号，我就赶紧往楼上跑，然后扯着嗓子使劲唱。

一般来讲，这种方法倒也奏效。可是有一次，我正玩得起劲，听见有人喊："冬子，你爸回来了！"我吓得撒丫子就跑，结果刚跑到二楼，就被邻居家门口的垃圾桶绊了一跤，一个跟头摔出去老远。我忍着痛爬起来接着跑，可是刚刚上三楼推开家门，就听到伙伴们在楼下喊："冬子，快出来吧，整错了，刚才那人不是你爸！"我一听，嘿，腿一软一屁股坐在了地上，这才看到腿上被磕出个口子，鲜血沾满了裤脚。

9岁那年，父亲带着我到市少年宫参加考试，我唱的是最拿手的歌《南泥湾》。少年宫的一位资深的声乐老师听完后对父亲说："这孩子音质好，很有发展前途！"他当即收我为徒。更让我欣喜的是，声乐老师不仅让我参加"六一"儿童节演出，还让我担任领唱。

我至今还清晰记得当时的情景：我第一次站在真正的舞台上，那绚丽的灯光、宽敞的台口、绛紫色的大幕、高高的合唱台阶……我就像小鸟一样站在高高的枝头上，心中有一种莫名的激动。那么多的合唱队员，声乐老师竟然让我这个新学员来领唱，幸福感、自豪感在心中油然升起。从那个时候起，我就对这偌大的舞台充满了特殊而神奇的向往，不仅不惧怕，反而期盼着天天在这样的舞台上唱歌，那将是多么美好的事啊。

那次演出之后，我的自我感觉变了，回家后抑制不住激动，对父亲讲述了初次登上舞台的一些感想。父亲发现，一夜之间他的女儿似乎长大了许多，艺术潜质开始彰显，他决定再也不督促我练功了。也就是从那时起，我每天早晨五点就自觉起床到楼顶的小平台上练习发声、练习舞蹈基本功……那把曾经令我胆战心惊的戒尺也从此下了岗。

后来学校成立宣传队，我入选了，可父亲不同意，他怕我学坏，因为那时是"文革"期间，社会挺乱的。但我就喜欢参加宣传队的演出，那时不懂什么叫表演，登台演出或练个节目什么的，是真心投入。不吃饭、少睡觉可以，不让我演出绝对不行。有时演出遭阻，我便去哀求母亲，常以多干家务活为条件。母亲心软了就对父亲说："你把孩子调教得整天唱这唱那，孩子真要去了你还打秃噜，能说得过去吗？"父亲无语了，我就开始哭鼻子抹泪，父亲不答应我就一直哭下去。"叫她去吧！"一听父亲同意了，我顿时破涕为笑，一个高蹦起

青涩时光

来:"谢谢爸爸!谢谢妈妈!"

中学时,我身体很单薄,父亲和母亲怕我会下乡插队,因为父亲经常下乡,赈灾救灾是他的工作,他对农村的情况再熟悉不过了。那个时候父亲和母亲一合计,决定带我参加艺考,不论什么地区的文艺团体来大连招考,他们肯定都不会放过,真可谓"可怜天下父母心"。

艺考之路

应该说,我的艺考之路一点儿都不顺利,我也不了解干文艺、吃文艺饭会如此艰辛。记得总政文工团、海政文工团来大连招考的时候正赶上强台风在大连登陆。那天电闪雷鸣、狂风大作,望着窗外的瓢泼大雨,母亲心疼地劝父亲这天就不要去了,可是父亲想了想,最终还是咬牙拖着我冲出了家门。只可惜,总政文工团和其他招考单位一样,虽然觉得我的条件不错,但还是怕我年龄太小没过变声期,一再安慰父亲,说等到我16岁以后再来招我。父亲也只能带着遗憾领我回了家。

一个偶然的机会改变了我的命运:16岁那年,辽宁歌舞团来大连招独唱演员。我像所有青春萌动的少女一样,也挺喜欢文艺的,尤其喜欢唱歌,心想如果能考上歌舞团当一名歌唱演员该有多好呀。那天我正在少年宫上声乐课,我唱了一首《台湾岛》,少有的女中音音色引起了辽宁歌舞团老师的注意。下了课,我和另外三名同学被留下,参加发声、音域、乐理之类的考核。好一番折腾,第二天又接着参加考试。不到一周时间,那位辽宁歌舞团的老师竟拿出政审表让我填写，我真是喜出望外，回家立刻把这个消息告诉了爸妈。爸妈接过政审表，互相交换了一下眼神，看得出来，他们的眼睛里闪烁着泪花……这一年我虽然忙得不亦乐乎，但总算有了结果。

没几天，父亲不知从哪儿得来的消息，说大连话剧团也要招生了。可我觉得没意思，话剧不就是说话吗，只要会说话就能演戏。但是父亲喜欢话剧，他是大连话剧团忠实的观众，他执着地让我报考话剧团。我打小就听他的话，实在没招了只好顺从。父亲便匆忙给我准备了一篇课文让我背，我背得差不多了，他又嘱咐了一番，随后就领我上路了。

当时，大连话剧团在青泥洼桥原动物园对面的艺术剧场，考试内容是朗诵和即兴表演，当场给我的题目是《痛失亲人》。也许是一波三折的求艺路让小小年纪的我感触太深了，谁也没有想到，我话未出口已热泪如雨。这引得考官们颇为惊奇，他们深受感染，大笔一挥，一试通过，让我准备二试。在众多考生中其貌不扬的我竟爆了个冷门。

未料二试我说什么也不干了，原因很简单：那些考话剧团的女孩又高又漂亮，和她们一比，我顿时一点点优越感和自豪感都没了，简直就像一只丑小鸭！一试回到家，我一头栽到床上大哭，父亲母亲见此情景，表现出从没有过的冷静，他们毕竟是过来人。父亲一把拖起我："还想干文艺吗？""想。"我哭着说。"想，就继续好好考，不要管其他的！"父亲的口气有点儿要"爆炸"，我惧怕了。母亲在一旁不停地安慰我、鼓励我，还真奏效。我抹干眼泪继续参加考试，二试就这样也通过了，我兴奋得都睡不着觉了。

第三试，剧团领导开始分工负责辅导学生，负责辅导我的是当时话剧团的副团长田奎一。他给我找了一首诗《王大妈的话》，出的小品题目是《报考前夜》。我记忆最深的就是那首诗——《王大妈的话》。田团长先给我讲王大妈的故事，让我体会作品，然后给我排练。他很瘦，高高的个子，大大的眼睛，让我有些害怕。他耐心细致，一句话、一个标点地给我指点，鼓励我大胆放声朗读。时间一分一秒过去了，父亲不放心了，他怀疑这么晚了我可能排完走了没碰上，就和门卫打了招呼上了二楼办公室。没走到门口就听到了里面琅琅的读诗声，他放慢了脚步。他没有想到，已经晚上十一点了，这么一个权威人士还在给一个初来乍到的小毛丫头尽心尽力地指导。三试这一天，我自信大方地走上了舞台，充满激情地说出了《王大妈的话》，感动了在场所有的评委，三试通过了！

历经近一年的折腾，终于到了最后一关。最后一试，也是决定命运的最为重要的一关——化妆造型，这是选择话剧演员角色类型必考的一关。那天，我一个人坐在化妆间的角落里愣愣地瞅着别人，心里像揣了只兔子，扑扑直跳。忽然，一位老师走到了我的面前，打量了我好一阵说："夏君，我要把你化得最漂亮，

走上艺考之路

希望你能考上！"

果然，那天我一出场，台下便议论纷纷，考官们交头接耳。我害怕极了，心想这下可完了，近一年的努力全砸了，眼泪顿时涌了出来。就在这时，考官发话了："这个其貌不扬的小姑娘上了妆貌若天仙，是大青衣的胚子，好好培养，将来是个角儿。"我一怔，暗暗地庆幸，瞬间调整了状态。这一次我表现得从未有过的好，也许正是化妆造型让我找到了自信。后来进了话剧团才知道，这位关键时刻助我一臂之力的是团里资深的表演艺术家刘雪芳老师。

好事成双，就在考上大连话剧团几天后，辽宁歌舞团的录取通知书也发了下来，我被同时录取了。大连话剧团的领导找到我的父母做工作，父母对我也难以割舍，生怕我远离他们，最后决定让我放弃歌唱。就这样，小时候梦寐以求当歌唱家的梦想破灭了。应父母之命，我这个乖巧听话的孩子从此迈进了话剧的艺术殿堂，开始了话剧表演的征途。

我的母校大连第十六中学专门为我召开了隆重的庆功会兼欢送会，我带着幸福喜悦的心情和美好的憧憬，进入了大连话剧团。

冷板凳和大熔炉

剧团对我来说是新奇的，也是枯燥的。进团后我发现自己的年龄最小，身体也没有长起来，还是唯独从学校直接考进来的学生，而其他的哥哥姐姐都来自工厂、农村及其他不同行业。仰脸看着他们，人家要个有个、要样有样，都陆陆续续接到角色上戏排戏了，只有我在学员班里坐了整整一年的冷板凳。除了有时练练发声，练练形体，我只能坐在剧场里看演员们演戏。说实话，头一两年里，我的感觉就和童话里丑小鸭的感觉一样，那种落魄失宠的痛楚，让我一辈子都无法忘记……偶尔人手不够时，他们也让我跑个龙套，如果机会好的话会给我一两句台词。演话剧不说话那就是一个哑巴，演员不上戏，团里没人搭理你。

细心的母亲看出了我的心事，不时鼓励我："千年的小溪流成河，多年的媳妇熬成婆。孩子慢慢来，别上火。"父亲见到我情绪低落，有些后悔了，他想起辽宁歌舞团的老师曾说"夏君天生就是女中音歌唱家的料"，也许应该让女儿去那里……当父亲十分郑重地和我商量，试图了解我的真实意愿时，我回答："不，我要坚持！爸、妈，你们的女儿不会让你们丢脸的！"因为我懂得，我能够走到这一天，走到这一步，有多么不容易。艺考就像大浪淘沙，一批批地考，一次次地被刷掉，最后我们这一批被话剧团录取的只有三个人。我要珍惜，我要刻苦，我要努力。

团里新学员渐渐多了，就正式成立了学员班。我们天天住在剧团里，两位德高望重的老演员王会安老师和中央戏剧学院毕业的张春莲老师作为我们的班主任，负责日常的形体、台词训练。排戏时大家都要去看，开座谈会时都要谈感受。那时，团里经常邀请中央戏剧学院的老师来为我们上表演课、台词课。我是采用笨鸟先飞的路子，一早上班报到之后，立刻就跑到剧场二楼走廊练功。除了绕口令，父亲还给了我一本古诗集让我练，我不管看不看得懂，一气背了近四十首唐诗。我收拢心思，下定决心，几乎每天早来晚走，付出比别人多几倍的辛苦，有时练得嘴和舌头

和李默然老师在全国残运会上演出

都木了。母亲看我吃饭不得劲，问我是怎么回事，我谎称没事。就这样我的台词基本功有了长足的进步，为以后表现人物的语言张力奠定了坚实的基础。著名表演艺术家李默然老师后来专门表扬我的台词功夫，并撰文称道。

　　尝到甜头后我没有止步，反而更激励自己刻苦练习研究台词语言。当时我们团的导演有黎军、王成斌和李启昌，王导和黎导都是苏联斯坦尼斯拉夫斯基艺术学院来华执教的专家培养出来的，他们对演员台词的要求极其严格。团里的老演员的声音根本不用麦克风就能给观众强烈的震撼。即使是嗓音一般的老演员，也能让坐在二楼最后一排的观众听得真真切切。当时人人都羡慕这些老演员，我也深受这些老同志的榜样力量和敬业精神的影响，苦练基本功，从不放弃每一次、每一时的排戏和看演出的学习机会。

第一个角色

参加剧团的第二年，我一下子长高了5厘米，体形也发育得舒展开来。

意想不到的事情发生了。为了训练学员独立创造角色的能力，团里决定排一部话剧《板仓风雨》，全部起用青年演员进行教学排练。我通过了考试，黎军导演让我饰演女主角杨开慧。

终于有机会排戏了，我兴奋得难以入眠。心性极高的我购置了精美的笔记本，准备记录下导演对角色的分析以及对剧本的阐述。我蓄满了力量记下了几乎一本子的笔记。当我捧着上面写满了角色小传和剧本体会的笔记本交给导演时，他不屑一顾地给出了四个字："抽象概念。"然后又补充了一句："重新交作业。"

导演的评价切中要害、一针见血，因为当时我对话剧演员应如何体验角色、怎样有效地开启创作舞台形象的门径，基本上一窍不通。开始时我只是从概念上去理解杨开慧，认为她是个民族英雄，在敌人面前大义凛然、视死如归，最后英勇就义等。因此，表现出的形象是一个苍白的空壳：慷慨陈词，腰板挺直，没有潜台词，没血没肉。导演直言这个角色太不鲜活，简直就不是"人"，要求我把英雄人物生活化，在平凡中见伟大。这让我第一次感受到创作角色的艰辛和困惑。我非常害怕导演把我换掉，让我失去这个角色，因为坐冷板凳的滋味什么时候想起，什么时候心里都酸酸的。

于是我不断地请教老师们，他们也喜欢勤学好问的年轻人。

他们从剧本的历史背景、人物类型乃至自己的创作经验出发，倾囊相授。但他们没有手把手、一招一式地教，说是怕我在表演上留下毛病，以后就不好改了。他们在排练中时而为我着急，时而让我转换思路，有位老师急了，就从家里把斯坦尼斯拉夫斯基表演体系的书籍拿给我看。

这本书让我如获至宝，我以为有了它，表演创作上的一切困难都会迎刃而解。可是书里的内容理论性太强，我急得半夜三更在家里哇里哇啦地边哭边跺脚。楼下邻居火了，上楼砸我家的门，吓得我蹑手蹑脚地从门缝里偷看。父亲满脸带笑，作揖打躬直赔不是。

邻居走后，我以为父亲又要对我发火了，谁知他表现得比任何时候都有耐心，拿起书看了之后对我说："你不要死记硬背，要和创造的人物结合在一起。首先要想杨开慧她是人，是有情感的女人，不要去想她是个英雄。斯坦尼斯拉夫斯基的书里有两个字很重要，那就是'体验'。有了真正的内心体验，然后把它转化融合到外部动作之中……"父亲手捧着书一直给我讲着，不知不觉天已经亮了。

不积跬步，无以至千里。通过一个阶段导演的耐心启发、老师们的细心帮助、排练场上的反复磨合，懵懵懂懂的我终于明白了理论和实践相结合的微妙之处：只有外在形式准确揭示了特定内容的时候，这样的体现才具审美价值。杨开慧不是挺胸抬头的塑像，我开始一句话、一个潜台词地体会，安下心寻找杨开慧的内心轨迹，全身心地体验着一个女人、一位母亲的平实心怀。我的头不那么高扬了，语调也不那么激昂了，形随声走，声随心走。黎导乐了，老师们的心放下了。我这才明白，其实内心层面的东西更为重要。我在体味导演阐述、深刻认识剧本的基础上，最终完成了人物的二度创作。

这个戏的排练让我初次品尝到了话剧演员的不容易，真的不是会说话就能演话剧。后来演了几个戏以后，我才逐渐明白，话剧演员创造角色是依据自身的感受来找寻人物感觉的。所以，我那时面对角色创造总有无数个问题和疑惑向老师们请教，慢慢地再通过排练反复磨合，有时如梦方醒，有时也叫导演批评得"体无完肤"，心里就想这活也太难干了，还不如当初上辽宁歌舞团，兴许就不用遭这个罪了。有时人物感觉一下子找对了，导演表扬一番，我的心情顿时为之开朗，又由衷地对导演产生感激之情。

这个戏让我在剧团的学员队伍里"小荷才露尖尖角"，也使我懂得了演员的基础理论及基本功的重要性。"只要功夫深，铁杵磨成针"的古训，成为我的行动指南。

严师指路

随之而来的是《定点》《中流击水》《小站》《万水千山》《占领颂》等剧目的排练演出。对我而言，这是使我获得锻炼提高的难得机遇，我被选入这些剧组，未必是因为我有多大优势，而是我肯下苦功钻研、加倍付出的努力得到团里老师们的肯定。我前进路上迈出的每一步都是受到呵护、培养的结果。我特别想念已故的导演、艺术家王成斌老师，大连市戏剧创作室曾为王导出版了一本纪念专辑《追寻艺术之光》，我在

1975年，在《万水千山》中饰演李凤莲

书中写了一篇文章——《我是王导的学生》。

我是王导的学生。当我用这句话作为怀念王成斌导演的文章题目时，有朋友对我说这个题目太浅白，没有文学性，我却笑着摇摇头。我的心告诉我，虽然王导只在两年间给我排了三台戏，但是这三台戏的经历却够我享用和怀念一辈子。在我还很年轻的时候，王导就离开了我们，我无缘再接受他的教诲，然而他对我的教诲却一直留在我的脑海里。他是我一辈子的老师，我是他一辈子的学生。

感谢《板仓风雨》，它让我有幸结识王导。记得演出时，我要多紧张有多紧张，演出结束了，黎导笑呵呵地走到我面前对我说："你知道谁表扬你了吗？王导也来看戏了，他说你有潜质，好好发展吧。"

听了黎导的话，我在心里惊叫了一声。王导和黎导一样，都是我们剧团的大导演，省内省外都有名气。黎导为人特和蔼，见谁都是笑眯眯的。王导可不这样，他素以严厉著称，导戏永远不离开那把藤椅。他把藤椅放在艺术剧场大舞台中间，佝偻蜷曲在里面，远远望去像一尊雕像。别说他给我们排戏，就是远远地望着他，我们都大气不敢出。团里的老演员都有些打怵他，更别说我们这些学员辈的小演员了。听说他表扬我了,我心里除了惊讶竟没有多少兴奋的感觉,我可不敢想象王导如果给我排戏,我会是什么样子。

令我万万想不到的是,没过多久王导就让我进了他的剧组。那一年话剧团全力以赴排重头戏《太平庄》,准备到省里参加汇演。王导安排我做了《太平庄》B组的女一号——一位农村妇女玉梅,为的是让我向A组的老演员们学习。

那是1978年初春,王导到底要给我排戏了。我紧张得中午连饭都吃不下,晚上回家对父亲说了这事。父亲笑了,他说这有什么可怕的。我说:"我们这出戏满台子都是大演员,那些大演员都怕王导,我如果上了台,还不叫他吓死呀。"说完这话我眼泪都流出来了。父亲更乐了,他说:"严师出高徒,你就跟着王导好好学吧!"

1976年,在《占领颂》中饰演郑华

1981年，在《命运》中饰演秦颖华

回到剧团走进排戏大厅，我心里一直发怵，不敢正眼看王导和其他老师们，一脚门里一脚门外站了半天，才找了个犄角旮旯坐下。王导看出我胆怯的心理，瞪着大眼睛对我说："这出戏老演员不少，你要好好跟他们学，说不好这台戏公演时我真就叫你上！""我的妈呀！"我在心里又惊叫了一声，"王导呀，你可别忽悠我！"

实际上，我很快就将这出戏的台词背得滚瓜烂熟，王导在排戏的时候我就在台下认真地看。饰演玉梅的是黄老师，她在20世纪五六十年代就是一个著名的演员。我把她表演的一招一式都记在心里，甚至把她台词重读的地方也记在心里揣摩，没事的时候，我就一个人悄悄地练，躲在二楼走廊练。

不敢想象的事情发生了。一天，黄老师家里有事没来，中午剧务老师走到饭堂找到我说："夏君，下午上戏，王导通知的。"说完二话没说就走了。我吓了一跳，立刻一粒米都咽不下了。在场的人面面相觑，让一点儿心理准备都没有的我更蒙了，支支吾吾地半天没说出一句话来。

舞台上有一个临时搭建的农村小土台，玉梅躲着自己的丈夫走过来，这是她第一次亮相。我从边幕条那边上来，心想一定按着黄老师那样演，可是事与愿违，我一走上台，两条腿就软了，脚也不好使了，平素所练的东西也忘得一干二净。我的脑子里一片空白，停顿了几分钟。就在此时，我自己也弄不清是什么样的心理支撑着我，让我半睁半闭着眼，一点点地挪到了土台子上。我想停下来，可立马想到，在王导的排练场上，王导没叫停下来，谁也不准停，有天大的事也必须继续演下去。我只好继续在土台上走场，两条腿也继续瘫软着。好不容易王导叫了停，我呆在台上等着挨批，王导却叫大家休息。大家都有说有笑地休息了，我却还在台上发呆，两条腿一个劲地哆嗦。

这时，场记上来小声对我说："王导对你的表现可满意了，他说玉梅就是你啦！""怎么可能？不是你听错了吧？"场记说："没错，王导就是这么说的。他说你的表演一点儿毛病也没有，一张白纸好画最新最美的画。"老天爷，万万没有料到我竟歪打正着，导演说我的状态就是这个戏规定情境下的人物状态。紧接着一次又一次地重来，重来，重来……反反复复十几遍，一句台词都没有，就是默默地上场亮相。现在我知道了，这是导演在帮我确立人物形象，感觉找准了，状态对了，人物就出来了。一点一点我开始放松了。

话剧作为一门艺术，真是深不可测。王导所说的潜台词、行动线，我一概不懂。但是，王导一直对我说："你心里是怎么想的就怎么演。"我也不管自己想的对不对，怎么想就怎么演。后来一位老师表扬我说，王导看中我的也就是这一点，我就是怎么想的就怎么演，不会不懂装懂，更不会装出很会表演的样子。

其实我对人物的认识、对人物和人物之间关系的分析并不具体，所以更多的时候是被王导严厉地说来说去。他这样教我，我还搞不明白，王导就火了："你是一块大海蜇啊，你没有自己的主心骨吗？你就任着别人把你摔来摔去，摔得粉碎吗？"听到这样的话，我在台上委屈得哭了，更多的时候，则是在休息的时候躲在厕所里偷偷地哭。戏总算排到第三场了，我仍然在台上煎熬着……

最后一场是玉梅觉醒的戏，也是全剧最具震撼力的一场戏。王导对我这时候的表现非常不满意，他忍不住大吼。结果他越吼我就越进不了戏，越进不了戏就越不自信，只有任他说来说去，我的表演就是上不去。他着急，我更是上火，天啊。

一天，我们又排这场戏，侯永生老师扮演的邵明泉怕我被丈夫——"四人帮"的爪牙陈家耀开枪伤害，他冲到台上张开双臂用身体来保护我。但他太入戏了，上台时有一股子冲劲，一下子把我带倒，我掉到了台下。

排练场的台子差不多有两米高，这下子我摔得可不轻，膝盖都破了，好疼啊，头上鼓起了鸡蛋大的包，半天也没爬起来。当时关宝廷和侯永生老师正演对手戏，很投入，谁也没注意到我从台上消失了。我在台子侧面看不到舞台前方，只听有人在台边悄声喊："快爬上去！夏君，导演还没叫停啊。""我站不起来！"说时迟那时快，黑影中不知是哪两位老师冲了过来，一个抱起我，一个让我踩着他的肩，我用尽全身力气连爬带滚地骨碌了上去。这时候我的委屈再也忍不住，哭出声来，导演没叫停，我仍然一直哭。令我愤怒的是，王导竟然无动于衷。我只有继续往下接戏，到了高潮处，我连哭带叫地撒着泼喊出了台词。当时是身上最疼的时候，也是我感受到玉梅心头滴血的时候，加上满腔的怨气，一股激情从心底迸发。"血！血！！"血红的大手举过了我的身体，似阻止不住的洪水在奔腾，"我瞎了眼……我对不起乡亲，对不起……"控诉的声音在山谷轰响，荡气回肠，王导在台下说了一声："好！"我还在疑惑着，王导又说："夏君，你演得好，好就好在你是用心在演。大家休息一会儿！"说完他离开了排练场。

这时候，我呆在台上，同志们围过来对我说："这场戏你演得不错呀，王导一般不表扬人的。"我却一点儿反应也没有，因为我浑身就像是被电击了一样，麻木，除了麻木，还是麻木！这是我从来没有过的一种感觉。

但是有一点我心里很明白，刚才我在台上说的是玉梅的台词，表达的却是自己的心境，难道王导常说的"借鉴式的情感经验"就是这样？王导排戏的时候常对我们说，要从生活出发，从自我出发，如果自己没有这种生活经历，可以借鉴其他的经历。

从生活出发，我能领会，但什么是借鉴？王导对我们说：

"你们在台上要认真体验，要保持住自我，这个自我是第二自我。"我认为这更是一个玄而又玄的课题，但是就在这个时刻，就在这个舞台上，在持久的麻木中我突然顿悟：我刚才在台上的表现，不就是第二自我的表现吗？我那么痛快淋漓地表现了第二自我，我感受到心灵的一种律动，这是一种难得的幸福。

我开始更信服王导了。

我知道，在我摔下台的一瞬间，王导也提着一颗心，他怕我有什么闪失。当他知道我没受重伤后，就期待我在这样的心境下打开表演奥秘的这扇窗户。事情果然如他所料，我的这扇窗户就这样打开了。但是王导却像什么事也没发生一样，一句话没多说就离开了。接下来的戏排得顺利多了。

王导不仅要求我继续深刻分析人物的内心世界，同时对我在舞台上的形体也给予足够的关注。我在台上揭批丈夫陈家耀时，内心格外痛苦，我哭得很伤心，身体都佝偻起来。王导说："舞台上人物的刻画是需要随着剧情发展而定表达方式的。这段戏你不要哭出声来，你要把哭咽下去。"把哭咽下去？怎么咽？我试着咽，把唾液都咽下去了。王导眼尖，他说："我叫你把哭咽下去，你怎么把唾沫都咽下去啦？要把眼泪咽下去，要含着泪演完这段戏。还有，不要佝偻着身子哭。是，生活中人们伤心了多半会这样，但是我们在台上还有个艺术加工的问题，哭也要哭出美来。现在，你虽然很悲伤，但是你扮演的玉梅已经摆脱了坏人的束缚，身心得到了解放，因此你要把身子展开，哭，也是仰着头哭。"我试着做了，很快就找到了玉梅在那一刻最美丽的一面。后来当我看到了这段戏的剧照时，我很喜欢那张照片，我惊奇地发现，原来人的情感表达可以千万种，还有这样一种更深刻的心理世界外化的体现方式。这个时候，我对王导就不再是害怕，也不再是一般的信服，我开始崇拜王导了。

1978年4月，《太平庄》同大连观众见面了。过了不久，剧组又到沈阳参加辽宁省文艺汇演，一炮打响。我们的戏受到大连观众、沈阳观众的热烈欢迎，也得到众多专家的好评。专家们对王导给了非常高的评价，同时也对我的表演寄予了赞许。辽宁人民艺术剧院的领导和导演想把我调到他们剧院去，他们的提议被王导拒绝了。被王导拒绝的事大概就是无法再办的事，这件事也就不了了之。

我当时是茫然的，虽然我感受到表演给自己带来巨大的震撼，开始喜欢上这个事业，但我觉得自己还笼罩在浓浓迷雾之中，找不到前进的方向，认为自己在演员这个行当中只是一个小学员，我对自己的前途没有任何奢求。父亲告诉我，老老实实地学下去吧！

排过《太平庄》后再见到王导，我不像以前那样躲之不及，而是想接近他了。但是，我又害怕，总是处在矛盾之中。

又一件令我没想到的事情发生了。完成《太平庄》演出不到半年，王导通知我参加《于无声处》剧

在《太平庄》中饰演玉梅

组。我的心又开始怦怦地跳了起来，除了有几分激动之外，更主要的依然是害怕。

王导决定排《于无声处》时身体已经不好了，气管炎、肺气肿折腾得他一天比一天瘦。团里领导和同志们都劝他好好休息休息，可是他不听，一心一意地要排这出戏。领导和同志们也都理解王导：是一种责任感驱使他这样执着地要排这出戏。我又进了剧组，不少人都羡慕我，王导竟然能为我连着排两出戏，并且我都是主要角色！一些人问我是不是有什么关系，我说，什么关系也没有！同志们也都信我的话，因为这么多年过去了，同志们都看到王导选择演员时从不搞歪门邪道那一套，他要是选中哪个人，肯定有他的原因，肯定是从剧组的根本利益出发的。我本来是一只"丑小鸭"，一个很不起眼的小学员，王导为什么会看重我？他看中的是我的哪一点？我自己也不理解。这一次宣布名单后，我只是感到幸运，至于这幸运的背后是什么，我没有心情去想，因为我对王导还是有着强烈的恐惧心理。这一次，我能轻易过关吗？

排练《于无声处》时是1978年的冬天，这一年的冬天好冷！我们的排练场在一座小二楼的二层，当时取暖设备普遍很差，排练场又比普通的房间大得多，就显得格外冷。我们这些身体健康的年轻人都受不了，王导体质那么弱，他怎么能受得了呢？但是我们看到，王导只要进了排练场，只要宣布排练开始，他立马就精神起来了，外人根本看不出他的病已经很重了。每当我躲在一边搓着自己几乎被冻僵的双手时，都会望着坐在椅子上瘦弱的王导，我开始心痛了。以前我只对父母才有这种感情，现在我对王导也有这种感情了。我暗下决心，一定认真排戏，决不让王导累

1979年，在《于无声处》中饰演何芸

着。我是这样想的，可是还是有许多时候让王导把精力花费在我的身上。

我在戏里扮演何芸，剧本上说这一天我正在家里弹钢琴。我坐在钢琴凳上，背向观众弹奏那台钢琴道具。我弹着弹着，王导说话了："你在那儿撅着屁股干什么呢？我怎么看不出你在弹钢琴呀？"他又问我："你会不会弹钢琴？"我回答说不会。王导说："不会？不会就去学！作为一名好的演员，他的每一根手指头都要有戏，每一个身体关节都要有表现力。所以你的背部也要表现出在弹奏曲调，好好学吧！"

尽管他的话在我听来是那样尖刻，让我很难受，但我还是赶紧利用休息时间到歌舞团找金梅子老师学弹钢琴。当然，我不能像小学生一样从基本功学起，而是跟金老师学弹了一首曲子《我的祖国》。在排练场上，我就按照学习这首曲子时弹奏的样子弹起来，形体也随着乐曲的音符流动起来。还别说，当我这样弹奏的时候，人物的感觉好像对了，戏也很顺利地排了下来。在第四场戏里我饰演的何芸已经认识到"爸爸"对梅林阿姨的迫害，已经知道"爸爸"是"四人帮"的帮凶了。这时，我站在楼梯上，义愤填膺、理直气壮地呵斥"爸爸"。王导叫了停，他问我："你的'爸爸'现在不是你的'爸爸'了吗？"我愣在台上一时间不知该如何回答。王导用一根手指把压在他头上的帽子往上顶了顶，露出吓人的大眼球，又问："你前两场戏里跟'爸爸'那种父女之情说没有就没有啦？你和你爸爸之间的感情也会像这样说没就没了吗？"我心里咯噔一下，我知道王导最后一句话说的我和我的爸爸，是现实生活中的我和我的爸爸。我在自己的心里嘟囔着："我和我爸爸的感情才不是这样呢！"我这样嘟囔本来是对王导的一种"反抗"，但是在嘟囔的过程中，我突然意识到自己表演上的错误。此时此刻，何芸和她的爸爸还有着浓浓的父女情，她想和爸爸断绝关系，但是谈何容易！哎呀，我真是太无知了！在接下来的表演中，我就把握住何芸此时极为复杂的情感，把她那极为矛盾的心理表现出来。这出戏最终得到观众的好评，全国有多家剧团前来观摩学习，这令我们感到兴奋。

更值得兴奋的是，《于无声处》的演出被上海戏剧学院负责招生的老师看到了，演出一结束他便到后台来找我，让我第二天上午八点半到东方饭店去考试。我兴奋得几乎一夜没睡，第二天早早起了床，匆忙收拾了一下，七点半就来到指定的考试房间。我一眼认出了电影《苦恼人的笑》里的男主演李老师，由他来主考，我心里多了几分紧张。还好，除了朗诵和增加的单人小品外，他没太为难我。可能我多少有了点儿舞台经验，考得比较顺利，负责招生的老师当场就把我留下了，问我家庭住址、来团时间、演过什么戏等。没过几天，录取通知书就下来了，我高兴得蹦蹦跳跳跑回家，把这个人人羡慕的大好消息告诉了父母，并洋洋得意地把录取通知书往他们面前一放："爸爸，妈妈，我要去上海读书了，这可是咱们国家的戏剧最高学府啊！"我太激动了，又拿起通知书手舞足蹈地跳开了。

不料想，这样的大好事不仅没让他们兴奋起来，他们反而冷言相待："一切都听从团里的安排，不要私心作怪，以工作为主。"这是父亲坚定的语气。我不敢相信这话出自父亲之口，抓着父亲的手问："爸爸，您说什么呀，为什么，这是为什么？这可是我自己考的，多么不容易啊。难道上大学不是好事吗？"我哭得稀里哗啦。但无论怎么哭、怎么闹，父母脸上都是一副坚定的神情，这对我打击太大了，令我痛苦万分。

后来我才知道，话剧团团长康桂秋老师提前到我家找过父亲母亲。康团长怕我闹情绪，没过多久也找我谈了话。她说在团里实践机会多，这些年培养一个年轻演员不容易等。我不再说什么，随着时间的推移，心情渐渐平息。

与四凤结缘

俗话说："好事不连三。"然而，这样的事情居然出现在我的身上。《于无声处》的演出刚刚结束，王导宣布成立《雷雨》剧组，我的名字又出现在大名单上，这次我要扮演四凤。

又一个难题摆在我面前。我那时刚刚知道曹禺，这位大师笔下的人物活在每一个戏剧人心里，活在每一位观众心里。多少前辈艺术家演过《雷雨》，他们所创造的人物形象熠熠生辉，在观众心里享有盛誉，而我是剧团里唯一一个没有排演过此剧的年轻演员，我所承担的压力真的像天一样大。

"呀！呀！"我同父亲谈起这件事时首先用了两个"呀"字。"爸爸，你就看剧组都有谁吧，王会安老师、大康老师、李佩琳老师……哪一个不是大名鼎鼎？整个剧组里，就我一个小年轻，我还是一个学员哪！这些都不说，还让我演四凤，我可吓死啦！"父亲听了我的话只是笑笑，但我从他的眼神中感受到了他的心情，他好像看见女儿长大了，出息了，笑眯眯的眼神里透出无法抑制的喜悦。我依旧向父亲撒娇："爸爸，你不知道，我又要遭罪啦……"他依然笑着，并不多说什么。

宣布角色的第二天剧组就成立了，我早早地坐在艺术剧场的后台，不安地看着剧本。不一会儿铃声响了，全剧组的人都围坐在长方形办公桌的边上，王导开始了第一天的导演阐述。当他对每一位演员提出角色要求时，我无意间抬起了头，但马上又低下了。天啊，除去演员不说，从场记到舞台监督，再到化装老师、道具老师，清一色全是老同志，唯有我是初出茅庐的新人。我再也不敢抬眼看任何人了，只是记呀，不停地记。忽然，导演的话语和表情仿佛让我有了信心，因为他老人家让我感受到了一种无形的力量。这是他对年轻演员抱有的极大的期望，他愿意为我们年轻人做一块铺路石。

1979年3月2日，《雷雨》剧组开始工作了。在第一天的集合会上，王导说："1961年我们曾经排过这出戏，并且取得不错的成绩。这次我们重排，有几位老同志还要扮演年轻时曾经扮演过的角色。为什么要重排？因为观众需要这出戏。我呢，还有另外的想法。一是希望我们演员队伍恢复过去的好传统，恢复过去的表演功力。在刚刚过去的十年'文革'里，我们很多演员的表演功力退步啦。第二就是年轻演员要迅速成长起来，我们要利用经典剧目的排练培养年轻人。演员创作的依据是剧本，但是光研究剧本还不够，特别是年轻演员。"说到这里，王导又用大眼珠子盯着我："夏君，你们年轻演员没有剧本里那种生活经历，你们要找一些间接的生活材料，找那个时期其他的文学作品看看，找曹禺的其他作品看看。要了解作家的世界观和艺术风格，要多学点儿历史，多学点儿文化。"听了王导的这番话，我脑瓜子嗡的一声涨得老大，我才刚上初中哪！可是我必须照着导演说的做，寻找剧本，寻找生活，一本书一本书地啃起来。

为了排好这出戏，让演员们集中精力，我们搬到了原来歌舞团大院的排练厅。王导排戏严谨，一丝不苟。我从来不敢接近王导，除了舞台上听他调度，台下总是远远地坐在一个角落里。

记得这台戏排到中期时，一天王导把我叫到他身旁，第一句话便问："小夏，你喜欢吃猪肝吗？"我点了点头。"你等着我给你买。"我愣了，王导怎么知道我愿意吃猪肝呢？旁边的老师都乐了，排练场的气氛顿时轻松了许多，"小夏，你不要紧张，王导是想让你放松，不要怕他！"想不到第二天中午王导真的拿了一大块猪肝让场记递给我。我双手接过猪肝，心头涌出暖意。从那以后，我再见王导，就不像以前那么紧张了。

王导排戏有一个特点，他总是给演员留出很多时间做准备。在我的记忆中，王导让我们读书、讨论剧本、排小品的时间少说也有二十天。二十天过后，他来看我们的小品，没有出息的我又紧张起来。不出所料，王导对我们的小品给予了尖锐的批评。我的第一个小品是和李健仁老师一起排的四凤和鲁贵的片段。王导看过之后，马上发出一连串的提问："你们的感觉哪些是对的？哪些是不对的？你们的方法对不对？这个片段的目的是什么？像现在这样走下来，对后面的戏会产生什么作用？"

这一连串的提问把我问得晕头转向。"夏君，你好好听着。你们要走的第一步是正确理解剧本，包括对剧本整体的理解、对要扮演的角色和相关角色的理解，这是前提。现在要你们做片段，就是要检验你们对剧本的分析、理解对不对。这种检验不只是由我来进行，你们自己也要有审查能力。不会检验自己就不会创造角色。"听了王导的话，我脑子里好像一会儿明白，一会儿又成为一团糨糊……

《雷雨》的开场就是四凤和鲁贵的戏。我在炉前给太太煎好了药，此时我半侧面背对观众。可就这样导演都看出我在抖动。全剧的第一句台词是李健仁老师的，就一句"凤儿"，他说了几十遍不止，导演还一遍一遍要求重来。我的妈呀，一个字都不放过，我还有那么多台词，怎么说呀？正担心着，王导说："往下接戏。"我紧张得手抖得更厉害了，话没出口，药碗一下子落在地上摔了个粉碎。我吓蒙了，立即俯下身子去捡碎片，等着王导的呵斥。不料，王导不发脾气，也不生气，眼睛死死地盯着我说了一句："你记住现在捡碗的心理感觉和动作，一会儿蘩漪上场周朴园逼她吃药的一段戏里，蘩漪碗落地，四凤去拾，就是这样的心理感觉。"王导对演员紧张心态的了解简直到了骨子里。他又把声音提高："四凤和鲁贵的这段戏，你们两人下去后要好好研究研究。你们要研究每一句话是在怎样的条件下说出来的，你要怎么说才适应这场戏的戏剧情境。"说完这些话，王导又加了一句："你们要努力。"我感觉王导这句话就是对我说的，当时差点儿掉下泪来。王导在排练场上说出这样温柔的话，我是第一次听到。

1980年，在《雷雨》中饰演四凤

下来后，我和李健仁老师商量着该怎么做。随后，我们对自己的小品又做了修改，反复走戏，王导又来看，很难得，他表扬我们了。他说四凤、鲁贵的初排戏尽管还不行，但是总算有了进步。接着，他又说了几句让我印象十分深刻的话："你们的方法还是不对，我现在就是设法让你们走上正道，演员的路子不能走歪了。在舞台上演员要找到感觉，自己的感觉很重要。"这么大的一出戏，哪一段是谁占了上风，哪一句话谁压住了谁，导演处理得非常讲究。王导排戏的一个最大的特点就是让演员自己找到感觉，并有自己的分析，而且要具体，要有逻辑，要准确。王导还说："自己的每一句台词是怎么来的，把这个问题搞准确了，把自己的感觉找出来，戏也就有了。"这句话让我印象十分深刻，我突然悟出来这样的道理：演员在舞台上，排第一位的不是什么演技，而是感觉。你在台上如果没有找到剧中人物的感觉，任你有再高的演技也是没有用的。感觉和体验是第一位的。这是这些年来我在创作中最受益的一点，我当终生铭记。

第二幕是四凤和大少爷周萍的戏：二人海誓山盟。在这场戏里，周萍向四凤表示真心喜欢她，他也想说服父亲能让他把四凤接出去，但由于二人地位悬殊，这几乎是不可能的。导演提出，这段戏一定要表现出四凤是真爱周萍的，也要表现出周萍是真爱四凤的。所以开始时周萍一上场，看到屋子里一个人也没有，就在栏杆处往楼上看，然后又走上台阶窥探。一个影子闪过来，周萍吹了一个口哨，四凤迎面走来。王导一直对我和"大少爷"的表演不够满意，他说："你们为什么选择在这间屋子里约会？你们要完成什么任务？对这些你们都要分析，分析是体验的前提。刚才你们走了两遍，却一点儿意思都没有。你们所选择的房间虽然僻静，但是最不方便，戏剧性就在这里。你们不要忘记，你们的会面是很危险的，你们是在火山口边玩火，是在狮子嘴边谈情，规定情境是不能忘记的。"

王导又特别提醒我："四凤，你们是在这里谈终身大事，是关系到你一生的大事，这时候你为什么要见大少爷？一会儿你妈就要来了，所有你不希望发生的事情都有可能发生。规定情境是非常尖锐的。你要好好想一想这种情境。你们先做一些给自己打掩护的营生，特别是四凤，你要让大少爷拉住你。"我照着导演的要求做了，可是这段戏让我好为难。当"大少爷"（谢子祥老师饰演）来拉我的手，想顺势把我拥入怀中时，我一下子跳戏了，一把推开了他。王导急了："你太年轻了，爱情、婚姻的事你都不懂，快找《红楼梦》,看不看得懂都得读一读。"

我赶紧叫父亲给我买《红楼梦》。父亲说，不用买，家里有。晚上，父亲就把书送来了。我打开书，刚读几页就把书合上了。这是天书啊！全是繁体字不说，还是竖排的。过了几天，王导问我看没看，我含含糊糊地说看了，看了。今天想起这个情景，我突然抑制不住笑出声来。那个时候，年轻的我呀真是什么都不懂，连家里有《红楼梦》这部名著都不知道，书找来了，竟然读都读不懂。但那个时间段，我还真就在父亲的指导下读完了《红楼梦》一百二十回。尽管中间有些章节读不太懂，可这对我的创作帮助甚大。

就这样，我这个涉世不深、所知甚少的女孩子，一再得到王导的提携和教诲。他见我很难做好那些表现爱情欲望的戏，就教我如何做一些"掩护性的营生"。他让我这样做，一方面是因为四凤和大少爷见面时做掩护性动作符合戏剧的规定情境；另一方面也是让我稍微稳定一下自己的情绪，给自己不到位的表演遮一下丑。

由于导演的启发方式科学，我渐渐地放松下来。半个多月的排练让我渐渐找到了四凤的感觉。

第三幕，四凤和周萍在离家出走之前，四凤的母亲让她起誓不再和周家人来往。被逼无奈，四凤双膝跪地向妈妈起誓。这段戏是这一幕的高潮，可是我的表演却总不到位，戏也总推不上去。王导一遍一遍地给我讲解，我一遍一遍地练，一遍一遍地演，他就是不点头。他不说停，我就得不停地练；我不停地练，王导还是不满意。王导火了，他说："夏君，你给我站在台上的落地钟跟前，好好琢磨琢磨！"

我只好当着众人的面，站在那里琢磨。这种情境使我感到十分窘迫，一侧过脸泪水就流了出来。王导当然能看见我哭了，但是他就像没看见一样，若无其事地坐在那里。少顷，他喊了一句："预备，开始！"我这时想起王导说的一句话："演员要创造人物，要表现人物，而不是表演人物。刻画人物要有真情实感，没有真情实感，就不会有创作的冲动。"那一刻我就想，四凤热恋着大少爷，她还怀着大少爷的孩子，可是她又不愿伤妈妈的心，这是一种多么复杂的心境啊！因此，我在舞台上开始哀求、乞求"妈妈"，"妈妈"不心软还叫我起誓，我的心都要碎了。我越想越难过，最后我感到舞台上的自己就要发疯了！王导说："好。今天的戏就排到这里！"我的表演总算通过了。

过后我想，王导的严厉是有道理的。正是他的严厉使我永远不能处于满足之中，正是他的严厉使我逐渐掌握了挖掘角色心灵深处的本领。说到这里，我还想起一点，王导是很少为演员做动作示范的。他很少做，不等于不做，他有时也为一些表演总不到位的老同志做示范动作。但是，在我的记忆中，他从来没为我做过。他宁肯让我在台上难堪得落泪，也不为我做。我今天明白了，他只有一个目的，就是要充分调动我自身的能量，让我在这种折磨中学会独立创作，掌握演戏的本领。他，用心良苦。

在第四幕，四凤在风雨中跑了大半夜，她精疲力竭地来到周公馆，一进门，一个停顿后一下子就全身心地扑到大少爷怀里。

就为这样一个动作，我上场不止二十次，怎么都通不过。我觉着我心里是有感觉的，而且上场前为了找到雨中的感觉，还让老师们用水把我的衣服和头发都打湿了，然后泪流满面地就上了场。但一看到"大少爷"，我就有些跳戏，心理障碍很大。王导最后有些无奈地开玩笑："小夏，你快结婚吧！"天哪！我羞得满脸绯红，我还没有对象呢！

王导把我叫到跟前，耐心细致地为我讲那个时代的历史背景以及封建大家族之间的许多故事，并再一次向我重复那句话："要爱心中的艺术。"我再次走上台来，感觉真的不一样了。导演又给了我新的舞台行动：我见到"大少爷"后，一个拥抱，身子瘫软。这一形体动作，充实了我对角色的心理体验和行动体现，以往不好的表现情绪不知不觉被抛到了九霄云外。接下来的戏一环扣一环，一步一步往上推，高潮迭起，扣人心弦。

这出戏让我记忆犹新的是李佩琳老师那双白色圆口的高跟鞋。她塑造的是蘩漪，这双鞋对人物心理世界的塑造作用太大了。王导对蘩漪这双鞋的处理真叫绝！我和李健仁老师父女之间的戏刚演完，蘩漪就要登场了。舞台上，我扮演的四凤刚刚听了"闹鬼"的故事，心中忐忑，端着药要往楼上送，迎面蘩漪正要下楼。只一抬头，我心里咯噔一下，看到一只白色高跟鞋悬在空中。停顿，一个大停顿，这只白色高跟鞋在楼梯的半空中很艰难地向下滑落，滑落……蘩漪脸白得怕人，美丽中透着憔悴、虚弱、忧伤。我心中一惊，手抖了一下。这个下意识的反应，让我瞬间找到了人物的感觉，四凤与太太的关系也自然而然地理顺了。李佩琳老师那忧郁的眼神、憔悴的面容、被束缚压抑着的心理、让人可以感受得到的潜台词，以及多变的行为方式，把那个年代几乎是被打入十八层地狱同时又极具"雷雨性格"的繁漪刻画得入木三分。那双白色高跟鞋在半空中停顿的瞬间，在我的心里已成为永恒的记忆。

　　导演排这段戏时，对我的表现是下了一番功夫的。四凤此时知道了繁漪与周萍的关系，繁漪又发现了周萍和四凤的关系，鲁贵又知道繁漪和周萍的关系，这一切纠葛在一起，使得繁漪更仇恨周朴园，嫉妒四凤。我当时的表现就是把给太太端的药碗紧紧地靠在胸前，不敢抬头看繁漪的眼睛，因为我知道四凤见到太太时内心是极端复杂的，形体表现是很紧张的，必须把这样的心理充分表现出来。这段戏最后被导演认可了。而我之所以有了这样的感觉，真的得益于李佩琳老师的"给予"。她让我明白，舞台上你有来言，我有去语，演员的判断、适应，都是从对方的感觉中获取来的。

　　我从王导的教诲中领会到，感悟、体验是话剧演员提升表演的最主要的技能。通过排练《雷雨》，我把握角色的能力大有长进。当然，话剧表演的技能是多方面的。在排《太平庄》时，王导教我形体表现的技巧；在排《于无声处》时，王导让我学钢琴，使我身上多一些本领；在排《雷雨》时，我总也表演不到位，王导教我做一些小营生，这些动作既是人物的、戏剧的，又掩饰了我表演上的一些欠缺；王导还特别教我台词重音读法，使我受益匪浅。在第三幕里，四凤向妈妈起誓后，在滚滚的雷声中痛苦地喊出："让天上的雷劈了我！"王导让我将"劈"字拉长，和雷声一起滚上几拍。我这样做了，奇怪了，"劈"字拉长的一瞬间，人物的所有感觉都喷涌而出，我的泪水也随之而流，戏一下子达到了高潮。

王导排戏异常细腻。《雷雨》让我第一次感受到话剧的魅力是那样不可阻挡。老演员们的表演让我如醉如痴，舞台上人物交流碰撞出的火花让我心潮澎湃，一切如开闸之水，奔涌而出。

其后几年间，我又先后饰演了《曙光》中的岳菱姑、《仲夏的早晨》中的夏舒茵、《幽兰晚香》中的何兰、《魂牵万里月》中的珍妮等角色，它们让我接连获得大连市、辽宁省、东北三省的各种艺术奖项。特别是《大红楼》里的一枝花，这个不起眼的小角色在高杰导演新戏剧观的开拓创新中，让我在首届东北地区话剧节中荣获了一等奖。

但我并不满足既有的成绩。此时的我，已把"准星"定位在中国戏剧最高奖"梅花奖"的标靶上。

在《曙光》中饰演岳菱姑

1985年，在《幽兰晚香》中饰演何兰

泰斗领我走出"饥饿海峡"

1984年,机遇终于来临,大连市文化局请来了有"中国话剧泰斗"之称的欧阳山尊先生到大连执导日本作家水上勉的名作——《饥饿海峡》。

这部作品反映了日本二战后的真实社会面貌。作品中,一位名叫杉户八重的日本姑娘因生活所迫沦为妓女,在一所破庙中邂逅了一位叫犬饲多吉的年轻杀人逃犯。善良的八重拯救了他,分别时犬饲留下一大笔钱让八重给父亲治病,走出妓院,逃离苦海。为了保护犬饲,八重对追赶来的警察守口如瓶。十年后,贫困中的姑娘重操旧业,一个偶然的机会,她在报纸上看到了樽见的照片,大吃一惊,这不就是当年的大恩人犬饲多吉吗?他摇身一变已成为社会名流,并改名樽见京一郎。八重一往情深地找到了他,可谁承想,樽见矢口否认曾与她相识,并将八重残忍地杀害。

那个年代,大连话剧正处于鼎盛时期。大连受国外文化影响较深,具有海纳百川、兼容并蓄等特点,排演外国戏剧可以彰显这种独特的地域文化特色,因此就选定了这部戏。

之所以请欧阳山尊这样有知名度的人来大连排戏,一是排外国戏剧是欧阳先生的特长,希望通过排演能提升大连话剧团的业务水平,二是想把辽宁戏剧导演的水平带起来。为此,大连成立了辽宁戏剧导演培训班,来自全国及省市选派的导演都前来听课。欧阳先生一边讲课,一边带着导演们进了排练现场。欧阳先生选中了我,团里选中了我,我也就成为这个项目的培养对象了。

当时，我们年轻的演员都想比试比试，角逐一下，因为这是千载难逢的学习好时机。我清楚地记得当时在大连艺术剧场后台，欧阳先生和全体演员见面了。当天，他又决定剧团所有的演员午后两点到他下榻的友好广场附近的东方饭店面试角色。轮到我时已近晚上六点，我一再告诫自己：放松，放松，只要放松不紧张就会有感觉。我提心吊胆地推开房门，他老人家一脸的和蔼亲切，让我一下子轻松了许多。欧阳先生考每个演员的内容是不同的。他给了我一段手抄的台词，就是八重从妓院跑出来要到东京开始自己新生活时说的台词。欧阳先生让我唱着歌上场，然后再说台词。我好一阵也没想出唱什么歌，只好悄声说："对不起，导演，我不会唱日本歌。"欧阳先生笑了："我们也没让你唱日本歌啊！"我忽然想起小时候父亲教我的歌"花篮的花儿香，听我来唱一唱"，心里有了点儿自信。我本想立刻把台词背下来，谁知先生一声令下"上场"，我便慌慌张张地走起了日本女人特有的小碎步，那么别扭笨拙，完全是模仿看过的电影镜头。我七扭八歪，边走边唱着"花篮的花儿香"上场了。谢天谢地，台词大意还是说出来了。也多谢欧阳先生给我的那把无实物的"小阳伞"提示，多少填补了我内心的空白。只听欧阳先生说："停吧！"我不知道这声"停吧"是指什么，是真叫停，还是我不行？我怔怔地望着他，他笑了。之后他又问我学过声乐吗、都演过什么戏等，我一一做了回答。"好，你回去吧！"经过一下午和一晚上的折腾，我带着一身的疲惫和不安，结束了一天的"劳作"。

第二天早晨八点，艺术剧场的后台黑压压一片坐满了人。

全团召开剧组成立大会,并宣布《饥饿海峡》的角色名单。只听到杉户八重由夏君扮演,樽见京一郎由侯永生扮演,我就再也听不进去了。这又是一个大导演,不知我又该遭什么样的罪了。渴望出演又惧怕批评的矛盾让我很纠结,可拿起剧本还是爱不释手……

为了做到形神兼备,团里请来大连外国语学院的一位日本籍女教师负责辅导我的形体和语言。其实最难的是日本女人的跪姿。我每天一跪就是几个小时,跪着背台词,跪着听导演调度、回答导演提问,跪着休息,跪着吃饭。有一天,《大连日报》的一个记者到团里采访,当时满台的演员都跪在地上,这是在排第一场地藏菩萨庙的戏。导演一声"休息"解放了龇牙咧嘴的演员们,我也想站起来,但是膝盖已经麻木,就顺势一直跪着和他交谈。那个记者感动得安慰我:"夏君,我都心疼你了!"因为他看到我的膝盖跪出了血。

还有一次,我练碎步练到很晚,传达室大爷看全团一个人都没了,便佯装说要关灯,劝我回去,我好说歹说也不行。在回家的路上,我边背词边以戏里的感觉走走停停,练得着了魔,一头撞在路旁的水泥杆子上。我捂着头,好痛啊。这时我才猛然想起要早点儿回去接孩子的事。我立即往中山广场的幼儿园跑去,可木屐不给力,跑不动!我干脆脱了它,光着脚跑,也顾不上"有失大雅"了。脚下不知是石子还是树枝,硌得我一瘸一拐的,最后好不容易到了幼儿园。一推门,只见园里就剩下女儿和值班老师,女儿的眼里满含着泪水,老师嗔怪并诧异地望着我。顺着她的目光,我发现了自己的狼狈相:包甩在胸前,两只手一手拎着一只木屐，蓬头垢面，满脸通红，浑身是汗。女儿看到我，张着一双小手声嘶力竭地喊着"哇——"，一头扎在我怀里。我扔下手里的东西，脸上分不清是汗水还是泪水，哽咽了……

《饥饿海峡》在大连的首场演出便引起了轰动，几天都一票难求。在东北三省巡演时，又刮起了一股强劲的"东瀛风"。欧阳老师带来了戏剧

1984年，在《饥饿海峡》中饰演杉户八重

新理念，打破了舞台处理常规，大胆尝试，让我直接从观众席上台。每当我穿着红底白花的和服，打着一把淡绿色的小花伞，提着一个旧式柳条旅行箱，在五彩追光的照耀下从观众席边走着小碎步边唱着日本民歌《苹果之歌》出现时，观众都非常好奇，纷纷凑上前来，让我几乎上不去场，以至于舞台监督杜文禄老师每场都得为我维持秩序、"保驾护航"。

《饥饿海峡》每到一个城市演出，都一票难求，还有许多观众找我们签名留念。有一位日本留学生曾多次专程从北京赶到大连看话剧团的演出，她问我："您在日本生活过吗？"我笑着摇摇头。"哎呀，您演的日本女人太像了，声音很美，很漂亮……"听到这样的赞美，我就特别感激造型师刘岩老师，她是留苏学习的化装专家。

《饥饿海峡》的演出也让全团演职人员费尽心力。尤其是老演员，他们认真、一丝不苟地对待每一场演出。他们怕我赞美话听多了，把戏演皮了，不断地提醒我"艺术创作没有尽头"，每次演出完还给我指出需要加强的地方。

　　有一次，戏进行到第六幕，杉户八重为了保护犬饲被警察追踪。她到了东京的一家餐馆打工，谁知警察也跟踪到了这里。当八重一口否认和犬饲相识时，饰演警察的刘老师太进戏了，他一急一巴掌重重地打在我的脸上。下面观众哗然，当时我的眼泪就下来了，是被猝不及防的巴掌打下来的。我头晕目眩一时不知说到哪儿了，脑子一片空白，蒙了。还是老演员有经验，饰演警官的韩绍君老师赶快上前扶起我："姑娘，对不起失手了，你刚才不是颠三倒四地说见过犬饲吗？现在又说没见过，到底……"他把台词给我"捡"回来了。我这才反应过来，哭得那个悲凉呀，把戏接上了。那次的哭是真实的，以至于观众都跟着流泪。演出完，刘老师妆都没卸立即跑来向我道歉，我捂着脸眼泪再次流出来，想起小时候学唱歌挨打也没这样重呢！更可怕的是，我卸了妆一照镜子，脸上清晰可见五条手指印。就为这事，我两天没和老师说话，现在回想起来真不懂事。

　　当时一天要演出三场，在沈阳艺术宫的演出时间是下午一点、三点半、六点半，又没有B组替补，每次第一场

和欧阳山尊在一起

演完就到三点十五分了,只有十五分钟的休息时间。我饿得一下子能吃掉五个鸡蛋,但为了不让观众失望,就一边吃饭一边给到后台找我们的观众签名合影,之后一封封观众的来信就像雪片一样飞来……

《饥饿海峡》震惊了来观摩的艺术权威们,他们公认"夏君是今年'梅花奖'最具竞争力的演员"。欧阳山尊力荐《饥饿海峡》进京演出,可惜这个戏有一百多号人,因资金不足最终未能成行。那一次我十分遗憾地与"梅花奖"失之交臂,但从此"夏梅花"的绰号在我的老师们中间叫开了,让我真的对"梅花奖"有了一丝期盼……

让我永远难以忘却的是那样一幕:《饥饿海峡》从省城沈阳载誉归来,到火车站迎接的队伍横幅高悬,锣鼓喧天,人们都兴高采烈。我也激动万分,终于要见到我那几个月未曾见面的宝贝女儿了!都说小孩子一天一个样,女儿的模样我都快模糊了。我急不可耐地和团里的演员李梅杰并肩走出了车站,第一眼就望见了被丈夫举得高高的女儿。她扬着小手憨笑着远远地向我们扑来,我三步并作两步伸出双手跑向前去迎接。她竟直直地扑到了李梅杰的怀中,喊出了会说话后的第一声"妈妈"!我一个趔趄,愣愣地像钉子钉在那儿一样一动也不能动。这可是我亲生女儿叫的第一声"妈妈"啊!泪水夺眶而出……

《饥饿海峡》给了我艺术生涯中的成就感,也给了我做女人、做母亲的失落感、愧疚感。这二者,一直都在我的事业与生活中挥之不去。

一部戏使我获得"女强人"的美誉

这是一台不像话剧的话剧。

这是导演的话。就在这台不像话剧的话剧中，我大胆地对苏联剧作家阿尔布佐夫的现代剧《女强人》中的女主角玛雅进行了形象塑造。这个时期的我也被确定为剧团的重点培养对象。

《女强人》是一个令人费解的世界，每一个读完剧本的人都有着同样的疑问："玛雅是个强人吗？"在这个纷繁复杂的尘世，玛雅具有一种强烈到了反常的"奋斗意识"，促使她在人生路上一次次地偏离"人之常情"，付出了过于昂贵的代价。这种苦涩的人生，实则反映出的是一个成功女人极弱的一面。她有13段"现实"、12段"过去"，还有9段独立的"音响"，纵横交错中夹杂的是内心的无奈。

基于此，高杰导演要求我突破固有的创作思维。以前都是要求演员"将内外化"，这一次导演要求"从外到内"，逐步找到角色的内核。因为这个角色太具典型性了，她的形体具有男性特点，如果没有男人味道，空有女人的性格魅力，从"形似"上就是失败的。

人物的定位要求我必须具有男性气质，比如步态、神态和工作状态。团里抽烟的女老师教我各式各样的拿烟姿势和动作，我又找到知识分子聚堆的单位观察男性抽烟、走路等各种形态。我排练场上练，排练场外也练。有一天很晚了，我穿过一个小广场，见没几个人，竟情不自禁地从包里拿出一支烟点上，然后披上外套找男人的感觉。小广场在黑夜的笼罩下让人看不清脸，这可是练人物形体的极佳场地。我边想边大踏步叼着烟转着圈地走，不料突然

1986年，在《女强人》中饰演玛雅

有个黑影蹿了出来："小姐，有火吗？"我吓了一跳，浑身汗毛都竖起来了，拔腿就跑，连往后看一眼的勇气都没有。谁知那人一直追着我，乱七八糟地说些什么！回到家里，我气喘吁吁，觉得手特别疼，一看被烟头烧了，水泡都出来了。这一回可真受了惊吓，从那以后我下班一路过那儿，心里就有余悸。

除了排练场，我还在家里拼命地练习。晚上，怕影响家人和邻居们休息，我就等夜深人静了到黑黑的走廊里练。许多时候我被烟呛得无法呼吸，满走廊都是烟味，把我的外衣也熏透了。一到排练场，其他演员没有闻不到这味道的。我为了尽快找到玛雅的感觉，休息日让家人抱着孩子出去，把自己锁在家里磨戏练台词。

就这样，表演真的有了起色。我不再花费心力在外形上接近角色，而是按照玛雅这个人的思维去挖掘和表现。我好像真切感受到了玛雅的存在，我不再是玛雅的发声器，我同她成了一个人，我的呼吸就是她的呼吸，她的命运就是我的命运。当马尔克嘲讽、挖苦、攻击玛雅时，我已感受不到观众的存在，我的手、脸、身体在发抖，不，是我的心灵在发抖。我感到委屈，人活在

世上为什么这样艰难？"难道对每一天都要负责？"玛雅的话从我的心底涌出。我觉得自己陷在里面不可自拔了，下意识地产生了一种从未有过的冲动。在这种冲动中，我又获得了新的创作灵感，使强者玛雅奋争的姿态又叠印上一个普通女人的凄苦之情，使人物得到了全面的展现，我的角色灵魂又一次得到升华。

不负众望，《女强人》在艺术剧场的首演因新颖独特深受大学生和教授们的喜爱。《女强人》最大的创意，是舞台上的T型台向前延伸了两米，让演员的表演与观众的思考融为一体。三个多小时的演出没有一位观众提前离场。

我因主演在中国首次公演的苏联名剧《女强人》，再度被专家视为最具实力角逐"梅花奖"的演员之一。但当时规定外国剧目不允许作为参评剧目进京，我再一次与"梅花奖"擦肩而过，心中平添了太多的惆怅……

那个年代，电视荧屏上的节目蹿红，凝聚了亿万观众的目光，话剧舞台却突然冷清了许多，"戏剧危机"的说法甚嚣尘上。我周围许多优秀的演员忍耐不住寂寞，有的下海经商，有的出国去了。我苦闷犹豫了，弟弟妹妹都劝我，还有的朋友给我准备好了出国资料，只要一填表，那边就发邀请函。可是金钱、荣耀真的打动不了我，热衷戏剧表演的我对自己的专业已近乎痴迷。我并没想是否要坚守什么，只是不舍。

在话剧市场衰落、难有好戏可演的那段时期，我先是在大连人民广播电台主持了两年多的《田园漫步》。之后，又选择北上中央戏剧学院求学。考试成绩出来了，我名列前茅，从此走进了魂牵梦绕的戏剧最高学府，了却自己多年来想上大学的一桩心愿。

中央戏剧学院不愧是国家一流的艺术院校，这里有传授过几代莘莘学子的教师精英团队。院长徐晓钟的导演理论课，罗锦鳞主任的编剧创作课，梁伯龙、关瀛老师的课堂实践表演课，表演系张仁里主任的剧目排练展演课，让我受益无穷……

有一段时间，我们全班同学在动物园里观察和"模拟"了一个星期的动物，眼看周一要交作业考试了，大家急了，干脆就在动物园里开始现

在大连人民广播电台主持《田园漫步》

走进了魂牵梦绕的中国戏剧最高学府

场创作。有的趴在猴子的笼底下，有的盘在小鸟鸣叫的树枝上，有的干脆就匍匐前行……一组组怪异的动物形体造型，一个个畸形扭曲的面庞，惹得前来观望的游客们不看动物，全看我们了。在一阵阵笑声中，我们学会了撕破脸皮当众表演，理解了课堂上老师讲的"不要脸"三个字真正的内涵……最逗的是，这群"戏疯子"竟然为动物园平添了一道平时绝对看不到的独特风景。

大学的岁月让我的戏剧观悄然发生着变化，我不再完全依赖课堂，而是走出校园，进入大千世界，充分体验大自然的神奇。

上大学的那几年，就觉着时间过得特别快，转眼就要毕业了。张仁里主任给我们全班排了一个毕业大戏《女市长》，我在其中扮演女市长。就在中戏毕业生汇报演出的时候，我突然接到团里准备复排《女强人》进京演出的急电。

《女强人》再度进京演出时，著名翻译家童道明先生来到后台，他想亲眼看看扮演女主人公玛雅的我。当时我正坐在台上的摇椅里酝酿情绪，准备进入角色。第一眼看到我，童道明心里多少有点儿失望，因为我那时又瘦了一圈，他觉得在外形上瘦削的我与强悍的玛雅相距甚远，他皱起了眉头。但他没有想到复排的《女强人》比前一版又有了新的改变和突破：一是导演有了新创意，二是我在中央戏剧学院学习后表演水平有了大幅提升。演出开始了，随着剧情的进展，童道明那颗悬着的心逐渐落了下来。

年龄跨度二十年的《女强人》是戏剧舞台上不多见的重头戏，三个多小时的演出，女主角一直要"钉"在舞台上。我塑造的角色是具有男人特质的女人形象，披上西装外衣是中老年的玛雅，刹那间脱下西装露出镶着白色花边的衬衫就是16岁的玛雅。男人的步态举止、男人的粗暴冷酷、男人的声音及男人的一切"恶习"，都在这个角色身上表现得淋漓尽致。但玛雅又是一个颇具魅力的女人，一生中竟有四位深爱着她的男人，可为了自己的事业和前程，她竟不择手段地出卖了他们。她也为自己的行为愧疚，但同时又给自己找了些聊以慰藉的理由，那便是"迫不得已""事出无奈"……

当玛雅真的功成名就，攀上了事业的巅峰，坐在自己阔绰别墅里的摇椅上时，她却哭得那样悲凉、那样凄惨……女人啊女人，难道你的名字真的是柔弱？

一根火柴划着了，照亮了舞台，照亮了玛雅。我的记忆

荣获中国戏剧最高奖"梅花奖"（左为母亲，右为父亲）

闸门逐渐打开……我忘不了为了让玛雅的形象更深入人心，大年三十的晚上伴着齐鸣的鞭炮、炫目的七彩烟花，一个人站在阳台上思索着、念叨着；我忘不了大年初一的晨曦下，一个人早早地走出家门来到歌舞团大庙的排练场，昏暗的灯光不时让我一阵心悸；我忘不了本不会抽烟的我如何学习抽烟，嗓子就像火灼似的干疼，而且一度还留下了小小的烟瘾；我忘不了从排练场回家那条必走的至今让我恐惧的小道；我更忘不了对亲人的歉疚……

《女强人》的演出让最善"挑剔"的京城人民由衷地伸出了大拇指。《人民日报》《光明日报》都发表了评论，迟到多年的"傲雪红梅"终于向我绽放了！

那天中午，我在家里做角色案头工作，忽听敲门声，打开一看，张团长满脸的喜色，手里拿着一份电报："夏君，告诉你一个好消息，团里接到北京的通知，你主演的《女强人》荣获了中国戏剧'梅花奖'！"

喜报，让毫无心理准备的我一下子坐在了家里那把不结实

的椅子上,椅子歪倒,我被摔得实实在在。张团长笑了:"祝贺你!你的愿望终于实现了。"说罢,他把电报塞进了我的手中,还没等我回过神来,他已消失得无影无踪。那一刻,多少酸甜苦辣飞一样在我眼前划过,那一晚,我彻夜难眠,喜极而泣……

有记者问我:"夏君,在中国,获得'梅花奖'是戏剧表演的巅峰,站在巅峰上你感慨最深的是什么?"

面对记者的采访,双唇抖动的我说出了心里要说的话:生活给了我深厚的内心体验,戏剧给了我实现梦想的机缘。多少年,流不尽的汗水泪水,练不完的基本功……这不仅是我一个人的努力与付出,这是几代戏剧人的艰辛与自豪啊!

为了演《女强人》,我放弃了主演一部四十集电视连续剧的机会。当时参加评选"梅花奖"的那场演出刚结束,热心的北京话剧迷们纷纷走上台来,他们还没从剧中跳出来呢,要与我谈论剧中玛雅的最终结局。突然,黄慧娟老师喊我:"夏君,有人找。"原来,一位资深的影视剧导演为了让我出演女一号,从中戏剧场首场演出一直跟到天津,直至大连的最后一场汇报演出。但是,最终还是因为《女强人》要继续公演,我只得忍痛放弃。

在响雷暴雨中前行

在曹禺先生的话剧经典之作《雷雨》中扮演繁漪,是我艺术生涯中的一件大事。其实,这也是我久蕴于心的一个目标。

1995年,中日文化交流,大连话剧团的《雷雨》十多年后再次面世,并应中日文化交流协会邀请,去日本演出。我由当年的四凤，转饰蘩漪。

这一版的《雷雨》完全是传统风格的延续，吕明导演的统筹原则就是所有的演员完全遵循斯坦尼斯拉夫斯基表演体系，剧本基本不动。

由四凤到蘩漪，能在一部经典名剧里分演两位女主角，对一个话剧演员来说，这是多么大的幸事啊！我想起了王成斌导演，想起了李佩琳老师，想起了当时所有同台的老师们，越想越紧张。第一次出演蘩漪，心里没底呀，李佩琳老师的蘩漪对我的影响太大了，我再演也演不过她呀！

终于，我想出了一条捷径：模仿李佩琳老师的蘩漪。别说这招还真灵，竟然蒙过了初排。但姜还是老的辣，吕导以锐利的目光看穿了我的伎俩，当着全体演员的面对我创作中的错误方法进行了严肃的批评："模仿别人，咀嚼别人嚼过的馍，这是专业演员最忌讳的！"

多亏吕导及时纠正了我，我牢牢地记住了这个教训。艺术创作真的没有捷径可走，当我忘掉一切把心平静下来，按艺术的规律创作时，导演说蘩漪的影子有了。

在日本出访演出中，我塑造的蘩漪一夜之间成了日本"青春座"的偶像。鲜花、掌声、记者采访、电视出镜、现场新闻发布会、招待会……一会儿主持，一会儿又表演，我忙得不亦乐乎。后来日本话剧社出访中国到大连演出时，还特意找到团里，把他们在日本给我拍的剧照送给了团领导，还说至今仍有日本剧社的友人们在家中摆着蘩漪的剧照。可见，中国戏剧在国际剧坛的影响力之大。

在日本访问演出时，参加新闻发布会

2003年1月份，我接到中国戏剧家协会发来的邀请函：3月要在北京举行纪念中国戏剧"梅花奖"创办二十周年大型庆典活动，一共要排两台晚会，全部由"梅花奖"演员出演。

我荣幸地在两台晚会中主演了两个角色。一台晚会是戏剧综艺晚会"梅花赋"，在人民大会堂演出。我和辽宁人民艺术剧院的院长宋国锋代表辽宁省戏剧界演出我省的优秀剧目，也是李默然老师曾经主演的话剧《报春花》。宋院长饰演老厂长，我饰演白洁。另一台是曹禺的经典之作《雷雨》话剧专场。四幕戏分别由四组"梅花奖"获奖演员来出演，于是就有了三个周朴园、三个繁漪、四个大少爷。演出地点是北京首都剧场。晚会精英荟萃、阵势强大，濮存昕、魏积安、肖雄等都在其中。我饰演的是第三幕和第四幕的繁漪。时间短，任务重。中央戏剧学院院长和数位著名导演分别担任总导演和分幕导演。晓钟院长说："所有演员都要把表演状态调整到心理现实主义的基调上来，着力开掘人物心理活动，强调角色与创造者的主观性。"这是对以往传统戏剧观的挑战。全体演员认真对待，竭尽全力完成导演的要求，没有一人因为是"梅花奖"获奖演员而掉以轻心，稍有怠慢。

有一件事对我触动很大。一天晓钟导演要看连排，每连一幕他都要给演员提出要求。当第一幕连完，他给濮存昕提了一个建议，濮存昕老师就一直谦逊地站着，边听边思考边点头。他这样低调做人，尊重前辈，尊重艺术，令在场的演员们深受感动。"艺无止境"真的不是艺术界的口头禅，而是艺术家一辈子的追寻。榜样力量的感召、晓钟导演的指导、合作对手的激发让我创造的繁漪有了质的飞越。经过不到一个月的赶排，新版《雷雨》终于问世，在首都剧场广告一出，三场的票被一抢而空，"梅花奖"版的《雷雨》受到全国戏剧爱好者的关注。演出结束后，在专家座谈会上，大家认为这是中国戏剧界的一个盛典。徐晓钟导演点评说："夏君饰演的繁漪最闪光的是第四幕，她的角色积蓄了十八年的苦闷之情，报复，呐喊，最后似火山喷发，她着重展现了繁漪此时打算轰轰烈烈地冒一次险的'雷雨'般的性格。还有她对周萍诱惑的笑。很多女演员都企盼在《雷雨》中扮演繁漪，但她们都打怵这段戏。只有诱惑的笑，没有诱惑的动作，夏君在这里做得很不错，完成了繁漪诱惑的笑的同时，又展示出一个女人最极致的魅力。为了拉住周萍，夏君苦涩的哭笑和笑哭，给我们带来的是一种哲理性思考。繁

"梅花奖"演员同台演出的《雷雨》海报

漪曾经想忍又忍不了，最后发展到忍无可忍，终于像火山似的喷发出烧毁一切的岩浆。夏君完成了蘩漪这一角色的种子核心。"徐晓钟院长给予我莫大的鼓励。我也因此剧拿到了中国话剧最高奖"金狮奖"。

感谢"梅花奖"。感谢蘩漪。

《雷雨》给了我多次创作实践。2010年11月8日，为纪念曹禺大师诞辰一百周年，大连话剧团把经典话剧《雷雨》重新搬上舞台。应该说，我对蘩漪这个角色已经有了一个基调，但是三次参与创作，却并没有让我轻车熟路。导演高杰在建组的第一天便提出，要我们用所有的敬畏去拥抱角色，摆脱过去，怀着敬畏之心塑造形象，恢复曹禺所写的那个具有时代气息的人物的本色。这是让我们树立精品意识。

荣获中国话剧最高奖"金狮奖"
（左为徐晓钟老师）

纪念戏剧大师曹禺诞辰一百周年
演出经典话剧《雷雨》

再次走进蘩漪的内心世界，与以往大不相同的是，我敢于突破固有的创作思维模式，大胆地借鉴戏曲的表现形式——京剧的碎步、京韵的道白等来表现她"雷雨"般的性格。作为女人，我理解她，她为了追求达不到的目标而苦苦挣扎，她没有爱情、没有温暖，她的热情被压抑，因此当周萍闯进了她的感情世界时，她忽然觉得自己"活"了，是真正意义上的"活"。爱情的火焰燃烧着她。她不惜身败名裂，爱得那么深沉、那么专一。抓住了这样的点，我就下大气力揭示蘩漪的灵魂所在，形体上随之也有所突破。这样，观众对蘩漪又多了一份理解与同情，我似乎看到了用白手帕拭泪的动作，似乎听到了观众的抽泣声……

《雷雨》即将在文化俱乐部公演了，原本大家心里都很没底，只打算先演出三场，不承想六场票都卖空了，这让演员们信心倍增。更没想到，剧场效果和观众的反响如此之好，我们就这样演下去，再演下去……

不久，大连话剧团的《雷雨》要到北京大隐剧院演出了！难忘的情景如在眼前。

经典剧目能在首都北京演出，全团同志都憋着一股劲，那段日子让大家终生难忘。当时，话剧市场不景气，因此此剧能进京一连演出十场，这是别的剧团可望而不可即的。出发前，团领导、导演做了"战前"动员，全剧组齐心协力，不敢有半点儿差池。对我们来说，最大的难关就是要面对北京同行和专家，以及无数次看过北京人民艺术剧院版《雷雨》的观众。《雷雨》的故事在北京是家喻户晓的，他们走进剧场看什么？就是看演员的表演。所以，我们每一位演员压力都非常大。这是一次担当，更是一次挑战！

第一场演出开始了，大隐剧院座无虚席，场内却鸦雀无声，静得连掉一根针的声音都能听得到。我上场了，刚从近三米高的楼梯上亮相，腿就开始抖动，拿着扇子的手也不听使唤了。我意识到这是一个危险信号，心想："完了，今晚要演砸了。"为了让自己镇定下来，我把嘴唇都咬破了。好在随着情节的发展，我一点点地放松下来，走进了角色。当第一幕结束时，我们听到了掌声，这是首都观众的掌声啊。第二幕落幕时，掌声更加热烈。这掌声是首都人对大连《雷雨》的肯定，是增加大连演员的自信心与勇气的奋进鼓……

大家的一致努力让《雷雨》很快在北京引起了反响，一连十场的票都售卖一空。我们每一场都倾心投入，每一天都大汗淋漓、衣衫浸透。

大连话剧多少年没有进京了，此次机会难得，我们倍感珍惜，所以白天跑相关单位送邀请函和剧票，之后听取专家和同行们的意见，召开座谈会、新闻发布会，晚上演出，睡眠极其不足。在演到第九天也就是第九场时，我的嗓子突然失声了，浑身无力，双腿瘫软，手心发麻。我紧紧地咬着牙，暗自对自己说："八场都挺过来了，我不能影响戏的正常进行，不能倒，坚决不能倒！坚持，再坚持！"凭着意志力，我不仅演完了这个片段，还坚持到全场结束。国家话剧院原院长石维坚来到后台向我们致意，他走到我面前说："夏君，'梅花奖'不白拿。"我很不好意思地说："对不起，院长，我今天嗓子哑了。""没听出来呀，戏演得好与不好，不在于声音，而在于对角色性格的挖掘。"他这是对我的激励。

为了第二天正常演出，下了舞台我连妆都没卸，换下服装就去了北京市中心医院，又喷嗓子又打点滴，折腾到快天亮了才回到住处。

想不到的是，第二天我竟然一点儿声都出不来了，前一晚去医院白忙乎了。我焦头烂额，团里的同志又带我去了医院，打针，吃药，喷嗓子……那一刻，我感受到了集体的力量，感受到了家的温暖，我落泪了，第一次体验到了对自己的无奈。工作了这么多年，失声还是头一次。

时间很快接近晚上，我的嗓子依旧出不了声，临演出前我又去了医院。大夫了解了我的情况后问："白天吃什么药了？"我说："没吃。""要想出声那就打激素吧。"我一点儿都没犹豫："打！"剧团办公室辛主任说："夏君你不要命啦？白天吃了那么多的药，一旦药物相互起作用，你连台也上不了了。再说，生命也有危险啊！"我已经顾不上那么多了，仍然坚定地说："打！"

的确，现在回想起来仍感到后怕。但那时，我的脑子里只想着一件事：只要让我在台上出声，把这场戏演完，豁出命来也干！

演出开始了，"老爷在家吗？"我说出的第一句台词就像乐器对弦时很不成调的怪声。我听到了台下观众的笑声，眼泪都要出来了。

戏在继续，我全力发挥着，声音不行就加大形体表达力度。演到第四幕的时候，我几乎只能用气嗓发声了。音响老师已经把扩音器开到了最大，同台的演员们无一不全神贯注、竭尽所能地和我配合，给我补台。

全剧终于落幕了，我们所有参演人员出场谢幕，大家的神经全都绷得很紧。令我们意外的是，观众给出了比平时更响亮、更持久的掌声和叫好声。我控制不住泪水，挥手向观众致意，这是对我们最大的赞誉。

国家话剧院院长王晓鹰激动地走上台来，热情洋溢地发表着感言。中央电视台著名节目主持人陈铎老师即兴作诗一首并现场朗诵。他为一个地方剧团能把一部经典演绎到如此水平而动容。一些北京专家和书画家走上台来献墨宝、题词，对大连话剧团提出了殷切的期望。

中央党校的领导看完这台戏后，发自肺腑地说："非常感谢大连话剧团为中央党校、国家行政学院奉献了一台如此高雅、如此精彩的演出。没想到在大连这样一座城市能有这样出色的剧团和演员们，把曹禺先生的《雷雨》诠释得如此精彩。"

此次演出的成功，无疑为剧团在改革大潮下前行提供了更多的思考，同时也为剧团在寻找市场、准确纳入市场提供了有价值的经验。应该说，我们为大连、为剧团争得了荣誉，做出了贡献。

这出戏也得到了中国戏剧家协会的赞誉和嘉奖，被直接推荐参加2012年中韩日戏剧节。中国话剧经典剧目走出国门，走向世界，是戏剧人的骄傲与自豪！

《雷雨》登上了韩国的舞台，先进的灯光、先进的音效、先进的舞台设施，让《雷雨》的展示更给力了。开始，我们认为语言不通会造成很大的障碍，观众听不懂台词会直接影响戏的质量与效果，但观众经久不息的掌声告诉我们，这种担心完全是多余的。演出结束后，外国友人纷纷走向后台，签字、合影留念，让我们应接不暇。

终于可以换下戏服了，此时舞台监督喊了一声："夏老师，韩版蘩漪等着要见你！"我有点儿忙晕了，戏装还没换完，一只脚穿着自己的平底鞋，一只脚穿着戏里的高跟鞋，一瘸一拐地就跑了出去。等自己发现穿错了，已经来不及回去换了，韩国"蘩漪"正站在对面，手里握着白手帕和说明书，笑盈盈地面对着我。她走过来和我紧紧拥抱，嘴里说着什么，我一句也没听懂，但这个拥抱让我们互相读懂了对方。她竖起大拇指，接着又是一大串语速飞快的"思密达"，我更听不懂了。翻译乐了："老师说你是中国第一蘩漪。她在韩国演出过两版蘩漪，在看戏时不停地用手帕擦拭眼泪，她在仰视你的成功……"

2016年国庆节期间，大连经典话剧《雷雨》又与天津观众见面了。都说天津观众懂戏，全剧组演职人员不敢怠慢，连夜作战。装台、对光、连排，倾尽全力拿出最好的状态进行创作，最终《雷雨》深得观众喜爱。演出结束后，热情的天津观众走上台来给演员献花，他们纷纷拿来说明书和我的剧照等让我签名留言。

与韩国"蘩漪"合影

我想说，一个角色的诞生，就是一个人脱胎换骨的演变，选择话剧舞台我无怨无悔。三十多年来，每当一个鲜活的角色诞生在舞台上，我就像又生了第二个、第三个孩子一样，

天津演出，为观众签名

充满了由少女到慈母再到老祖母的喜悦。

在《父亲》的大家庭里成长

记忆中的时间来到20世纪90年代，在改革大潮中，东北老工业基地的一大批产业工人下了岗，人们开始在新的人生旅途上转轨谋生。我身边的很多熟人也因此突然改变了原有的生活方式，变得忙碌起来、焦虑起来。我的心里也茫然了。剧团的演出突然出现不同于以往的状况，看戏的观众少了许多。也就是在那一阶段，我和话剧《父亲》中下了岗的大玲有了相同的心境。

2003年2月的一天，我接到辽宁省文化厅的通知："省里要参加国家舞台艺术精品工程大奖竞选，准备复排反映东北产业工人生活的话剧《父亲》，这本是辽宁人民艺术剧院的看家戏。经厅里研究，特邀你在其中扮演父亲的女儿杨大玲。"

这是真的吗？辽宁人民艺术剧院是我省话剧界的一面旗帜，能登上辽艺的舞台是多少话剧演员向往的事。4月20日，新剧组建

立，但那时我还有演出任务，所以直到28日我结束了最后一场演出，才放下手边的其他工作，怀着忐忑的心情登上了北去的列车。

抵达辽艺已是晚上六点半了，接待我的老师王晓仲第一句话便是："快去见曹导！""不是明天早上吗？我还没看到剧本呢！"我慌慌张张地说。"不用，导演说得先见见你。"我放下行李，屋子还没进便跟着王老师去见曹导。一眼望去，一位体魄强健的胖老太太，操着一口京味普通话，粗声大嗓地喊着，带着男性的豪爽。她思维敏捷，眼睛不大但炯炯有神，盯着我半晌也不说一句话。我心里怦怦直跳，有些后悔，心里想："行就行，不行我就立刻走呗。"尴尬了半天，曹导脸一沉冒出了一句话："怎么这么瘦啊？"对我连个称呼都没有，我心凉了，"得，回去吧。"但紧接着她又递过一句话："明天八点对词试戏。"我半晌没回过神来，导演起身走了。

回到住处，我神情沮丧，剧本没有，剧情陌生，现场接本对词，这不是要我好看吗？那一夜我胡思乱想，自尊心受到了极其严重的挫伤，演了这么多年戏，还是头一回这样尴尬呢。

已经记不清我第一次是如何走进辽艺主楼二楼的大工作间的，也记不清众目睽睽之下我是如何坐在属于自己的位置上的。房间里导演、演员早已安然入座，我情急之下来不及多想，拿起剧本便使劲看词。八点到了，导演准时做了个开场白，提出要求和一天要完成的工作计划，说完就开始对词。

我还是第一次经历导演没做阐述就对台词的，有些丈二和尚摸不着头脑。幸亏有点儿经验，我凭着直觉认认真真把台词对完了，导演做了点儿小改动，没说啥，我心里稍宽慰了一些。这时我才知道，特邀导演是中央戏剧学院博士生导师曹其敬，饰演母亲的是总政话剧团"梅花奖"得主王丽云，饰演父亲的是辽艺院长宋国锋。曹导曾说："我不信三个'梅花奖'演员擎不起这台戏？"这一年，《父亲》是辽宁省抓的重点创作剧目，要参评国家舞台艺术精品工程大奖。

我虽过了第一关——对词，但那不过是导演要听听演员的声音，掌握大致的人物感觉，最难过的关口是在排练场上，那时导演要看演员是否具备角色的影子。排练场如战场，真枪实弹，容不得一个人滥竽充数。

辽艺人才济济，行当齐全，话剧《父亲》已经演出了近十年，除了精品工程奖没拿，其他大奖基本上拿全了。这一次，我能否担此重任？这些年，我塑造过许多中外妇女形象，唯有杨大玲这样纯粹的工人形象是头一遭遇到，这让我十分担心。我不敢多想，越想越紧张。我知道这是不自信的表现。我经历过不少大导演排戏，他们让演员创作的方式基本是从做小品开始的。以前我也奇怪，这本是学习表演初级阶段的课程，我已经是有经验的演员了，为什么还要做小品片断呢？我想不通，可咋着也得按导演的排练思路走。

给我的小品题目是：《夫妻俩》《卖报》《大玲下岗》。首先，我和饰演我丈夫的张明亮老师开始切磋练习。辽艺演员总能把创作的触角深入社会各个阶层和角落，这让我感悟到了许多，并跟着他们的思路初步成为工人阶级家庭中的一员。高爱军是前版《父亲》大强的饰演者，在和他的交流中，我脑海里有了"父亲"一家人的生活景象。我看到了父亲的刚直不阿，看到了大强的耿直倔强，看到了大玲的自强不息。我的自信在逐渐建立。

曹其敬导演对剧本的阐述太让人震撼了，她把所有演员的思绪全部拉回到那个市场经济大潮冲击社会的年代。她的阐述冲击着每一位创作者的灵魂，她对角色的诠释是对每一个演员思想的刷新与心灵的启迪。她对舞美、灯光、音效、动效的要求，对每一个人物服饰设计的标准，哪怕是一个小道具的摆放，都十分讲究、细致入微。她对舞台调度的处理独具匠心，让我们每个人都有了创作的激情。

曹其敬导演很威严，在排练场上一坐就是一天。她总是在不停地给演员说戏，一句多余的话也没有。此时我看到了一个艺术家的境界。"请放下你的架子，艺术创作从零点起步。"这是导演的话。

通过做练习、构思小品，我初步掌握了人物的感觉，开始走向角色。感谢曹导让我的创作方法有了突破性的改变。"杨大玲就是杨大玲，以前你所饰演的所有角色不可在这一角色中重现。创造这一个，不是重复那一个，或者叫不是似曾相识的那一个，你就是杨大玲。"因此，我要向杨大玲靠拢，和杨大玲合二为一。

俗话说，没有体验就没有艺术。演员只有进行活生生的有机的生活体验，才能深入角色的心里，才能把一切不可捉摸的细节给予深化。大玲是一名下岗职工，我虽然生长在东北，但对工人了解甚少。要在舞台上呈现出一位自强的下岗女工，必须从现实生活中寻找角色的根基。我想到了东北有很多性格豪放、行事风风火火、快人快语的女人，她们敢爱敢恨，有道义，肯担当，面对艰辛，自己寻找生活出路，不为国家添负担。大玲当年在厂子里什么苦活、脏活、累活都干过，今天怎么了，难道活不下去了吗？导演曹其敬提示，老杨家人不许哭！我明白了，一切艺术形象均应来源于生活，这是创作之本。

第二幕是大玲的重场戏。剧中大玲下岗后要到马路上卖报纸，卖了一天的报纸都没卖出去几张，因为怕丢人，怕被熟人认出来瞧不起，怕被耻笑甚至被辱骂。当她拖着疲惫的身子回到家中痛苦地向妈妈诉说内心的苦闷时，导演给了我一个"调度"，要我走到锅台前，拿起炉台上的钩子钩火、烤手，随后"妈妈"走过来，用自己的体温给我焐手，我实在掩饰不住，从"妈妈"的身旁离开来到桌旁；没想到"妈妈"又端过来一杯热水递到我的手中，我再也挺不住，泪水的闸门一下子打开……

这段戏演员没有生活，实在难出好戏。一个上午都是"重来、再来、想一想、不对、停——夏君，你必须到街上报摊去体验"！我哑然了，怔怔地愣在那儿好半天。"你在那里傻站着干什么？快走！"

我心一抖，含泪撒腿跑出了排练场。音响师吴疆老师的自行车已等候在大门口，他们不用再"扬鞭"，我已经被逼得要"自奋蹄"了。吴老师一直跟在排练场，他知道我当时的窘境。

当晚，他骑着自行车把我带到了他熟悉的沈阳北行市场。那里热闹非凡，大街小巷满是叫卖的声音，有老，有少。我一眼看到一位穿着工人服装、肤色黝黑的40多岁的男人蹲在一个旮旯里卖报。我走到他的面前，大胆地说明来意。开始，那人是有戒备心的，问什么也不回答，以为我是来暗访的。我帮他整理报纸，帮他喊"卖报"，他卖出去一份报，我就帮他收一份钱，渐渐地他开始接受我了。此后每天早五点，我都到沈阳北行市场的报摊上和他一起出摊卖报，体验生活。一个多星期后，卖报人的顾虑消除了，跟我说的话也多了。我

在沈阳北行市场卖报

为了尽快走进他的生活，走进他的内心，在一个细雨蒙蒙的晚上请他们夫妻在小饭店吃了顿便饭。我们边吃边唠嗑，终于他们向我吐露了心声。他告诉我说，他和爱人都是下岗工人，没有大本钱，只能靠卖报纸供孩子读书。他是男人，不怕丢人，只要能挣钱、不违法，他在哪儿干都不挑剔，而妻子下岗后哭了两天。我问："你哭过吗？"他说："没有。"可我分明看到他眼眶中的泪水在打转。当我问到他妻子为什么不来帮他时，他说："女人嘛，总是要顾点儿面子的。"他爱人只帮他早三点起床拿报纸，整理叠报，但不帮他卖，怕被熟人看见。这和大玲下岗的心境太相近了。

　　那晚，我大有收获，终于有了珍贵的生活素材。以后在近大半个月的时间里，清晨五点多钟我就到了北行，晚上五点排练完我又去了北行，一直帮他们卖报纸。值得一说的是，在我和他妻子不断的交谈中，我们竟达成了共识：一起卖报。她终于走出了家门，和我共同卖起了《沈阳晚报》！开始我们都不好意思出声喊，到最后不顾一切地大声喊："卖报！卖报！今天的《沈阳晚报》！"有几次，喊着喊着我不知不觉流出了眼泪，真的就跟戏

里一模一样。

曾经，大玲忍住内心的苦痛，含笑向母亲回忆当年自己在厂子里的辉煌成就；如今，她笑着流泪告诉母亲，她可以上街自信地大声喊出"卖报"了。她从今往后能自食其力了，她为弟弟妹妹带了个好头，老杨家的好日子快来到了。

我们不害怕苦难，我们笑着面对，这就是东北人。振兴东北老工业基地，首先要振兴东北人的性格，振兴大玲这一典型代表。

当我再度走进排练场，曹其敬导演一下就看出了我的成长，因为我一上台的感觉就和原来大不一样，似乎捕捉到了大玲身上的内核。杨大玲，新中国旗帜下成长的一代青年，从小到大都向往做一个脚踏实地的工人。她会把车床擦得锃亮，会车出别人车不出来的活。她每天早出晚归，和工人姐妹们在一起是她最大的快乐。至于个人名利，她没有想过。尽管她当过几次劳模，当过先进生产者，但她还是下岗了。她想不通，但她没有埋怨，也没有抱怨自己的命运。在逆境中，她想通过自己的双手去重新创建生活，于是她去卖报纸，在困境中依然乐观向上地面对生活。她把报纸卖得有声有色、有模有样，甚至于她想开个报亭，把生意做大，这不就是政府号召的二次就业吗？基于对人物的认知和生活体验，我开始从第一自我走向了第二自我，从演员走向了角色。大玲的感情是朴实的，语言不带任何修饰、是直接的，形体步态是快节奏的，就是机床运转的节奏。她整个外形是粗线条的，一个纯粹的工人形象。当我找到了角色的内核，真就有了如鱼得水的快感。

两个多月的排练结束了，我们即将登上舞台接受观众的检验，我也即将与卖报人告别了。出于感激，我特别邀请卖报人和他的妻子走进剧场看戏，他哭了。一个吃过那么多苦、经历了那么多磨难的男

参加国家舞台艺术精品工程展演活动

人面对生活没有掉眼泪，但当看到我们真的把下岗工人自强、自立、自尊的形象搬上舞台、面向观众时，他哭了……

我记得评委审查的那场演出中，我痛哭流涕地诉说着第一天卖报的艰辛，到最后终于战胜自己，放开嗓子喊出"卖报——卖报——日报、晚报、文摘报、球报、广播电视报"后，全场爆发出雷鸣般的掌声！我的心灵深处，有了一种欣慰的幸福感。

演出结束，我怎么也没有想到，曹导会激动地走上台来与演员们一一握手祝贺。当她走到我面前时，一个大拥抱让我没有任何思想准备："夏君，长进不小，出乎我的预料，嗨，真难得！"

大玲成功了，成功地站在了舞台之上，《父亲》也成为国家舞台艺术精品工程十大精品剧目。

作为一名演员，舞台就是实现自我价值的平台，舞台就是审视自己人生轨迹的一面镜子。几十年来，我在这个自己钟爱的空间里创造了几十个观众喜闻乐见的大人物和小角色，也在这个熟悉的空间里由蹒跚学步走到成熟。"艺无止境"是演艺事业永远前进的驱动力，我将用自己的生活经历和生命努力体验并表现戏剧角色的人生，使奔波于大千世界的自然人成为戏剧舞台的主

角，将剧本中的人物活化成"这一个"的直观现实，以此献给我的广大观众，献给我的金色记忆。

感恩篇：怎一个谢字了得

成长的摇篮 生活的家园

我第一次怀着忐忑的心情，借着墙壁上马赛克折射出的微光走进略显昏暗的艺术剧场的时候，大连话剧团已经踏踏实实走过了三十年。作为"三十而立"的人，三十年正是其激情四射、充满活力、事业有成的黄金时段。作为一个艺术剧团，此时的大连话剧团已成长为享誉全国、具有大团风范的著名演出团体。

戏剧似人生，人生犹戏剧。我大半辈子的戏剧舞台生涯是在大连话剧团度过的。这个团有悠久的历史，曾创作出许多人民大众喜闻乐见的艺术作品，培养出许多人民大众喜爱的艺术家。扎实的团风、独特的表演风格，让大连话剧团的史册上载满了《文成公主》《雷雨》《钢铁是怎样炼成的》《降龙伏虎》《赤道战鼓》等享誉全国的剧目，拥有了田奎一、王成斌、黎军、徐苓等一批知名导演，涌现出安适、王会安、沈政、黄慧娟、李佩琳等一批蜚声剧坛的好演员。

在我的舞台生涯中，这些优秀的话剧表演艺术家们牵着我的手，领我开启了话剧艺术之旅。在他们的关注下，我踩着他们宽厚的肩膀开始了向艺术高峰的攀登。在漫长的演员生涯中，我从

大连话剧团三十周年纪念留影

一个一无所知的"娃娃",出落成有一定知名度的"大演员",从上了舞台不会迈步的丑小鸭,蜕变成获得"梅花奖"的名角儿。我蹒跚学步的每一步,都坚实地踩踏在大连话剧团这一方热土上。大连话剧团是我成长的摇篮,是我生活的家园。我如今的一切,皆是大连话剧团赐予我的!

记忆是永恒的,它是人类思维难以抹去的储存,而金色的记忆则是记忆链条中最值得回味的篇章。我的金色记忆就定格在那一天……

第二次荣获辽宁省戏剧"玫瑰奖"

参加电视剧《我的爸爸妈妈》的拍摄

  大连话剧团迎来六十华诞，团里决定借用展演的平台把剧团保留的重点剧目展示出来，以此回眸过去，展望未来。于是，大连市委宣传部、大连市文广局推出了一台优秀话剧集锦专场"金色记忆"。这次专场以优秀演员担纲的话剧为主，我成了这台晚会的主角。那是一台让大连话剧人回眸的"金色记忆"，由大连艺术研究所所长杨锦锋创作，杨军导演。我内心澎湃，不知该怎样表达自己满腔的感恩之情。

  得益于方方面面的援助，全团上下加班加点地赶排，大家一起怀着感恩的激情投入创作。年近古稀的李健仁老师饰演我的父亲，他像对待自己儿女的事业一样，仔仔细细读剧本，认认真真走台。一个个久违的角色缓缓回归，让我们心潮涌动，感慨不已。精诚所至，金石为开。那年冬日的一个周末，我的艺术表演专场"金色记忆"在人民文化俱乐部举行。这台一个半小时的专场综合了诗歌、独白、群侠大写意的表演，把《女强人》《饥饿海峡》《父亲》等剧目中的精彩片段奉献给了观众，取得了极佳的艺术效果，获得了轰动的效应，据评委说，国内话剧院举办专场演出，这是第一次。

大幕徐徐开启，记忆便逐渐清晰地展现在观众面前……

杉户八重被樽见残暴地掐死，玛雅坐在摇椅里痛哭，大玲手擎报纸在风雪交加的黑夜里痛苦诉说……这一幕幕无不感染着全场的观众，他们跟随着剧中人物的命运不时发出哭泣与感叹的声音。当我面对观众大声呼喊"卖报，卖报，今天的晚报"时，台下的掌声响成一片，我的泪水和观众的泪水交汇成流。一个热心观众在边道上举着相机，泪水模糊了他的眼睛，他擦拭眼泪的场景被别人拍了个正着。谢幕时，观众呼喊着我的名字，纷纷上台

大连市第四届新人新剧目展演

献上了鲜花。那些已经离休、退休又重返舞台的老同志更是感慨万分，刘雪芳、杜文禄、李健仁、关宝庭、张春莲、谢喜文……他们与我同台完成了"金色记忆"的演出。当我逐个把他们介绍给观众时，场内爆发出热烈的掌声、欢呼声，这让我几度哽咽。他们和我一道，在此时用这个独特的专场演出，共庆自己剧团的六十华诞，真是别有一番滋味在心头。

金色记忆，记忆着磨难，记忆着振奋，记忆着历史，记忆着辉煌。六十年团庆，我奉献了"金色记忆"专场演出，这好像在全国话剧界并不多见，在东北三省更可以称得上凤毛麟角了，所以我一再说我是幸运的。

戏剧召唤我们几代人走到一起，我们情同骨肉。每一位老师都有一段金色记忆，我也有我的金色记忆。记忆在追续，再回首时，那金色记忆会更辉煌。

在纪念大连解放六十周年之际，幸运又一次降临在我的头上。大连市委宣传部在全市遴选六十位典型人物，通过文集展示英模的先进事迹，旨在让大连人民不要忘记这些为大连发展和建设事业做出特殊贡献的人。书的名字叫《大连不能忘记》。我有幸在异常激烈的竞争中入围当选，我知道这不是一般的当选，而是大连人民赋予我的极为厚重的一份荣誉。

此时我想起"金色记忆"晚会上我朗诵的一首自己写的诗，特摘录于此，表达我对事业、对人生的感悟，表达我对师长、对同仁、对观众由衷的敬意与感恩之情。

《大连不能忘记》新书签赠仪式

舞台，让我魂牵梦绕

这是我魂牵梦绕的舞台
我的寻找、我的叩问在这里展开
这是我经受历练回馈社会的舞台
严师益友让我在泪水中得到关爱
这是我认识艺术、升华生命的舞台
鲜花因梦想成真为我盛开

在这里我与岁月一起高唱时代的赞歌
在这里我与命运展开一场持久的对白
大幕拉开，我诉说世间冷暖

灯光闪烁，我演绎人生百态
不拘角色大小、人物好坏
走上舞台我就勇于担当、敢于承载

我时时怀念带我艺海泛舟的师长
他们使我懂得什么是艺术的血脉
我时时怀念簇拥我前进的同仁
他们不争鲜亮让我满身流光溢彩
为观众送上美味的精神食粮
他们袒露着大爱无疆的豪迈

面对今天，放眼未来，我初心不改
振兴话剧事业，我心潮澎湃
多少年公演的剧目一次次更换
在这里却有我始终不渝的情怀
这里是我相濡以沫的爱人
这里是我魂牵梦绕的舞台

妈妈，我想对您说

　　世界上的语言千万种，但有一个称谓惊人地相似，那就是"妈妈"！"妈妈"这两个字，在人们的心中永远那么温馨、凝重、伟岸、崇高。
　　我的妈妈王清池，出身书香门第，端庄秀美，高挑的鼻梁，弯弯的眉毛，大大的眼睛，透彻的瞳孔，永远散发着与常人不一样的神韵。妈妈为人正派，善良淳朴，坚定而执着，仿佛这世界上没有克服不了的困难！

上小学的时候，我常用小手拉着妈妈的大手走在一二九街至唐山街的那条绿荫小路上，我们一起哼着"花篮的花儿香，听我来唱一唱"的小调，好不惬意。

友好广场新新照相馆橱窗里摆放的妈妈的照片

我喜欢边走边依偎在妈妈的身旁使劲撒娇，换来她的疼爱。有一天，听同学们说学校宣传队要招舞蹈队员，我心动了：做个舞蹈演员在同学们面前该有多牛气！于是在放学回家的路上，我大胆地向妈妈提出要报考校舞蹈队的请求。妈妈断然拒绝："冬子，好好把歌唱好了、文化课学好了，比什么都强，你哪有跳舞的天赋呀。"妈妈的话极大地刺激了我，我立刻故意走在她前面，瞎编乱造地边唱边旋转，展示自己的舞蹈天分。来到一二九街大工学院的操场上，这里空地很大，我更是尽情撒欢。谁知脚下一滑，啪的一声，我重重摔了个大跟头，后脑勺着地，当时就起不来了。妈妈吓坏了，马上扶我坐起来，摸着我头上的包心疼地哄我。我则故意使劲大声哭，还借机要挟妈妈："妈妈，你要不答应我学跳舞，我就不起来。"妈妈只好无奈答应。我破涕为笑，立即起身，谁知脚不听使唤，哎呀，扭筋啦！那天是妈妈背着我回的家。

遗憾的是，等我的脚好了，宣传队的名额也满了，我与校舞蹈队错过了。最终还是靠妈妈的支持，我考上了校宣传队，唱起了歌，还学会了弹柳琴。为了让我多点儿时间练琴，她省吃俭用给我做最喜欢吃的炒白米饭，怕姐姐看见就偷着给我塞进书包，而姐姐带的却是玉米饼子和咸菜。她直向妈妈喊："妈妈偏向，妈妈不公平。"有的时候，妈妈也会背着姐弟们悄悄地给我一毛钱，让我买糖吃，这是让我最快乐的事情了。

通往学校的那条小道上始终有妈妈不知疲倦的身影。我每天上完文化课还要参加宣传队的排练，妈妈总是不顾一天的劳累，下了班饭也不吃就在校门外等着我。不管天黑路滑，还是刮风下雨，校门外的那棵老槐树下就是妈妈等候我时栖身的地方。要过年了，宣传队要排练节目常常加点延时，老师又给我安排了一个自弹自唱的节目。为了练琴，我的手磨出了血泡，脖子也抬不起来了，手指头弹得发麻，可是我怎么练也合不上拍，我真想放弃了。但当我看见妈妈那坚定的眼神、期待的目光时，只好一咬牙继续练。

有一次我练得头晕目眩，实在坚持不下去了，吐了一地。老师吓坏了，让我提前放学。从来没有这么早放过学，出了校门，看到妈妈惊异的目光，我一头扎在妈妈的怀里失声哭诉着。但妈妈却笑着安慰我、鼓励我。每次看到妈妈那坚毅的目光，我一天的疲劳都抛到九霄云外了。

学校宣传队终于要在大年初一晚上于群众剧场的舞台演出了。我又兴奋又紧张，长这么大还是第一次走进正式的大剧场、大舞台，见大场面。我兴奋得不时在同学和邻居小朋友们中间传播着这则消息，看着他们羡慕的样子，我一转身还把头一甩，走开了。

虽说我表面上像没事人似的,但是演出前心里还是怕得很,最担心的就是我自弹自唱的节目。我唱的是样板戏《红灯记》里铁梅的一段唱段《光辉照儿永向前》。

这一天终于来到了。想不到走上台我是那样从容不迫,一曲下来竟一点儿差错也没有。当我唱到最后一句"打不尽豺狼,决不下战场"时,观众的掌声给了我勇气,我哭了,毫不掩饰地当众擦眼泪,这又引来观众的笑声。这是我第一次登上大舞台,至今难忘。

爸爸妈妈站在台口接我,我舍不得卸去脸上那漂亮的油彩妆,准备回家在姐姐和弟弟、妹妹面前炫耀一下。一见到妈妈,我激动得一下子扑到了她的怀里,紧紧地抱着她,庆幸着自己的成功。妈妈温和地笑着,捧起我的头时吓了一跳,我脸上的妆全模糊了,眼睛就像大熊猫。妈妈立即俯下身,天啊,她的连衣裙上全染上了油彩。这身连衣裙是妈妈的最爱,逢年过节、家里来客等重要场合才舍得穿它。我知道这件衣服对妈妈意味着什么,我害怕了,下意识地后退了几步,刚才演出的兴奋劲早已荡然无存。我用眼睛直勾勾地看着地面,不敢直视妈妈的眼睛。爸爸站在一边不知如何是好。一会儿,妈妈笑了,就像什么事也没发生,走过来牵我的手,依然哼着那曲小调走出了剧场。不知妈妈的心里有多难受,这可是她最心爱的连衣裙……

正当我信心满满地准备第二次登上大舞台做明星梦的时候,发生了一件大事。

那天宣传队没有活动,放学快走回家的时候,我觉得脚像踩着棉花团似的,头昏昏沉沉的,就在楼梯上摔倒了。我爬起再上，也不知是怎么开的门，到家一头栽倒在床上什么也不知道了。幸好那天妈妈下班回来早，邻居刘婶对妈妈说："老王，我看你家冬子不对劲呀，怎么一走一摔，楼梯是爬着上来的。"妈妈蒙了，立即到床前推我，见我一动不动，她吓坏了，一屁股坐在了地上，手足无措。刘婶立即扶起妈妈："还不快去医院！"这时妈妈似乎意识到了什么，爬起来就往里屋跑，拿起茶几上的药一看，顿时全明白了。原来我感冒了，错把安眠药当成了感冒药，妈妈上班又走得急，只告诉我茶几上有药，我顺手抓起就塞进了书包。

妈妈当时不知哪儿来的一股力量，背起我就往妇婴医院跑。那个年代没有车可打呀，妈妈累得摔倒了，又挣扎着爬起来，再背着我跑，终于到了医院。医生立即抢救，又是让我吸氧，又是给我洗胃……妈妈说那个时候她都不知道自己是怎么过来的。我住进了医院，昏迷了两天，妈妈没有离开过。

我苏醒过来的那一刻，怎么也睁不开眼，嘴也张不开，头也抬不起来，胃还疼痛难忍，在床上不时拧着。也许是痛苦的折磨使我忽然睁开了眼睛，我看到妈妈那愧疚而含泪的双眼。她分明也看到了女儿瞪得大大的乞求的眼神："妈妈，救救我，救救我呀，我是不是不能活了？但我还要弹琴唱歌，还要跳舞，我的梦才刚刚开始呀。"妈妈心如刀绞，她最懂得女儿的心，她用颤抖的手抚摸着我的头："冬子，学会坚强，你一定会好起来的。有妈在，就有你在！"

为了让我尽快站起来，她找来小推车推着我走出病房，走出医院。有一天，她突然拖我站起来，让我不要去扶任何东西，在我身后推着我让我快走。我哭了："妈妈呀，你怎么这样狠心，我的腰都直不起来，怎么走路呀？"看着她那坚定的目光，我只好弓着腰，捂着胸，从花园这头走到那头，再走回来。她每天给我按摩，推我晒太阳，逼我走路，激励我坚强地站起来。她通宵达旦顾不上休息，最终体力不支累倒了。可她知道，她是女儿的精神支柱，她不能倒下，女儿看着她、依靠着她呢。就这样，妈妈那最纯真的爱感动了上苍，在一个阳光明媚的清晨，不知怎样的力量，我突然从床上爬起来，腰板挺直，脚步轻盈，背起书包去上学了。"我能唱歌跳舞了。"我欢呼着。那一刻，素来坚强、从不落泪的妈妈再也控制不住了，放声哭了起来。我知道，妈妈的爱能战胜世界上所有的困难，是妈妈把我从死亡的边缘拉了回来，是妈妈给了我第二次生命！所以妈妈，我想对您说："您是我的生命！"

我至今还记着妈妈常挂在嘴边的一句话："冬子，你呀天生就是干这行的料。"中学时代，我家由过去的一二九街搬到了中山广场区域，我只好转学到第十六中学。可学校学生已经满额了，不再接收了，妈妈好说歹说都不行。正愁着，有位看了我半天的女老师说话了："这孩子有特长吗？"妈妈立刻说："有，我女儿会唱歌弹琴。""那好，我们听听。"这一听还真灵，我被录取了。

没过多久，我加入了第十六中学宣传队，后又考取了学校所属的造船厂宣传队，改行专攻杂技。很快我学会了车技和魔术，还能单独表演。师傅喜欢我比较用心，把一些不轻易传给别人的节目传授给了我，神奇的技法让我很感兴趣。有一回师傅病了，我单独上场，提心吊胆地竟演下来了。听到掌声，师傅乐了。后来造船厂宣传队要下到庄河演出，妈妈那时身体不太好，刚做完甲状腺手术，处在危险关头，我却像小鸟一样无忧无虑地飞走了。现在想想，我太不懂事了。我跑到医院，把第一次要出远门演出的消息兴高采烈地告诉了妈妈，她笑了，全然忘记了手术后的痛苦。她不能说话，就用颤抖的手掏出了身上仅有的两元一角钱塞给我，那时的工资好像每月只有几十块钱吧。我双手接过钱："谢谢妈妈，我一定好好演。"说罢，头也不回地跑了出去，一去就是十几天。当自以为凯旋的我回到家时，妈妈还没有出院呢……

岁月蹉跎，转眼我已经工作了三十多年。三十年星移斗转，我和妈妈之间依然延续着老样子。妈妈的身体每况愈下，而我则不停地奔波于繁忙的舞台演出与排练之中。

2008年至2013年，是妈妈心脏病病情最不稳定的时期，几乎每十天或一个星期她就要住一次院。2008年，世界瞩目的奥运会在北京举行，我作为奥运火炬手完成了大连站的火炬传递任务后，被调到北京电视台拍摄奥运晚会，和国家话剧院的常蓝天老师合作了一个戏——《好运》。没想到这

带着对母亲的牵挂完成奥运火炬传递任务

和国家话剧院的常蓝天老师合作《好运》

个戏播放后反响不错,紧接着"北京·南锣鼓巷"戏剧节要调我去排话剧《我是海鸥》。去还是不去,我犹豫了……

回想那时,妈妈每次住院抢救后都给我们全家带来惊喜:她太坚强了,一次次都挺过来了。每逢这样的时刻,全家人都流着泪欣喜地奔走相告,感叹妈妈生命力的顽强,感谢上苍对夏家的眷顾!子女们给妈妈起了个绰号"命比天大的老妈"。想到这些,我又没有顾虑地从妈妈身边走开了。

2012年的春天,我又接到北京的电话,童道明先生创作的话剧《歌声从哪里来》邀请我去饰演主角魏教授。此时的妈妈身体更加羸弱,我忽然不想离开妈妈了,真是饭吃不下,觉睡不安,矛盾了好几天。从艺这么多年来,我还从没为家里的事耽误过工作,这一次我是真的迈不开这个脚步了。在随辽艺外出演出的火车上,我曾看到过老演员失去儿子、青年演员接到父亲病危通知的一幕,那时还很难体会他们内心深处真正的痛，我只看到他们最终毅然走向舞台，创造着心中的角色。我不敢多想，我犹豫了，怯怯地走到妈妈的床前握着她的手，嘴唇不停地抖动。妈妈好像猜到了什么，她淡淡一笑："你去吧，妈没事。"我实在控制不住，一下子扑到她的怀里，泪水浸透了她的衣衫。她用双手捧起我淌满泪水的脸："冬子，大风大浪妈都挺过来了，好好创造角色，妈等你的好消息。"我紧咬嘴唇，深深地鞠躬，心里祈祷着："妈妈，我的好妈妈，快点儿好起来！等我，一定等我！"

在北京排练期间，我每天都要在电话里听听妈妈的声音，哪怕是吃饭的时间。心哪，没有一刻不挂念，而每一次妈妈都重复着同样的一句话："好好工作。"排练了一个半月后，戏终于公演了，紧绷的心也一下子松快了许多。首演的第二天清早，姐姐忽然打来电话，说妈妈病危。虽然这话已听得有些习惯了，但这一回偏就觉得天要塌下来。但距离妈妈太远，这可怎么办啊，晚上七点还有演出，票早已售出。我心如刀绞，坐立不安，一面双手合十不停地祈祷着，一面电话不离手，不停地询问着。姐姐让我立即回大连，弟弟让我再等等，说老妈命大。我就这样在矛盾中煎熬着，不知道那几个小时是怎么过来的。

剧组的领导得知此事，当即买机票让我动身，晚间演出前再飞回来。这太冒险了，北京的交通拥堵得这么严重，一旦迟到，怎么对得起那么多观众？我真是两难啊！

这时的我忽然间认识到，人啊，不亲临生死关头是绝对体会不到当事人的感受的，更想不到自己会如何直面现实。我敬佩前辈艺术家及同行们为艺术献身的精神，似乎感悟到做人的真正含义。弟弟的来电又一次打断了我的思绪，电话里传出了兴奋的语气："姐，妈妈又活过来了。"说罢那边就说不下去了，我听到了弟弟的抽泣声。放下电话，我在房间里放声痛哭！老天啊，我的妈妈活了，又逃过了一劫，谢天谢地啊！

　　晚上十点多了，北京的最后一场演出我不知道是怎么结束的，只知道演出一结束，我妆没卸，脸没洗，就直奔机场，于凌晨三点飞回了大连，心急如焚地赶到了医院。我的心啊乱七八糟的，就想见妈妈，我们再也不分开了。

　　妈妈还在急救室，我扑过去跪倒在她的床前轻轻地说了声："妈妈，我回来了……"只见妈妈的眼睛微微一动，泪水流了出来。那一刻病魔好像离开了她的身体，一种无形的力量支撑着她。她慢慢抽出胳膊抚摸着我的头，流泪的双眼没有一丝埋怨，另一只手在枕头下乱摸。我连忙顺着她的手抽出一份报纸，啊，这是我在北京演出的专题报道呀。报道中，一位北大的教授对我的演出给予了高度评价，说我"'梅花奖'没白拿，演得比教授还教授"。我惊讶地望着妈妈，她又笑了，我的眼睛再一次潮湿。生命垂危的妈妈，还在关注着女儿点滴的成长啊……

　　时间流逝得真快，转眼就跨年了。2013年春节刚过，剧团的演出任务接踵而来，又要下乡慰问演出了。而妈妈也再次住进医院。我常常谴责自己，几次下决心要守护在妈妈身旁，但工作任务一来又身不由己。我每天都会去给妈妈按摩、洗脚，她总是心疼我，不让我天天来回跑耽误工作。

　　4月3日这一天的早晨，记忆中的心酸难以抹去。我照顾妈妈洗漱、吃罢早饭，准备出门下乡演出，主治医师刚好带着医生查房。这时我一脚门里一脚门外地回望了妈妈一眼,没想到回头的一瞥让我永远铭刻于脑海:只见妈妈完全没有了我在时的那种坚毅神情,一双大大的眼睛直直地盯着医生,充满恐惧与不舍。她似乎在乞求:"我要活!"那一刻我真的不忍再看下去,心一酸关上房门,冲进电梯。在医院大门口,我擦干了眼泪,徘徊了好半天,犹豫是下乡还是留在医院。如果在工作时间请假,妈妈会上火的,但是去吧,我又着实放心不下。最终,作为演员的责任感还是占据了上风。我知道,在妈妈看来演出任务就好比军令,我狠了狠心,含泪走向农村的演出舞台。

妈妈病重期间,她从来不让我为她请一次假,极力安抚我的心。她总是忍着极度的苦痛装出若无其事的样子,临床病友告诉我们:"你们妈妈太坚强了,你们在时什么事也没有,你们一走,她就开始哼哼。"有一件事最让她宽心,就是2013年我再次被评为大连市"十位有影响的文艺人物"。电话打进来,她高兴得不得了,自己就坐了起来。听着电话里通知我领奖的话语,她激动地说:"感谢对夏君的栽培!"

2010年被选入大连市"十位有影响的文艺人物",让母亲欣喜万分

4月18日,永生不能忘记的日子,我正在排练,突然接到爸爸的来电,说妈妈呕吐不止,我的神经又绷起来。那时是午后三点多钟,演员们正很用心地排戏,

我犹豫了几次要不要请假，最终没有张口。排练完我立即赶到医院，只见妈妈面色苍白、气喘吁吁地躺在那里，一见我来眼睛亮了许多，病痛也好像减轻了许多。我急忙把手伸进被子里给她按摩，妈妈渐渐地缓了过来。这时天色已晚，妈妈示意我躺在她的身边。姐姐说："你回吧，又没地方睡，你和妈妈睡一张床，她会很难受的，有我在就行了。"这样的状况那段时间经常出现，我也就没在意，给妈妈正常洗漱之后就回去了。哪承想这竟是最令我后悔的一晚。4月19日早晨，我给妈妈买了早餐匆匆送去，可她一直昏迷，连坐起来的力气都没有了。一上午她几乎都靠在我的身上，我害怕她一旦躺下会永远起不来。十一点多，妹妹要我到饭店给妈妈拿点儿爱吃的咸菜，我刚到饭店，电话就响了："快点儿，妈不行了。"我撒腿就往医院跑，瞬间竟忘记了开车，忘记了打车，就是一个劲地跑，一气跑到医院。推开病房门，妈妈在安详地睡着，看不出她还有没有生命迹象。我正脱着衣服要往箱里放，保姆突然一声喊："医生，医生，快来呀，快救人呀！"我还没回过神来，忽地跑进来一大帮医生和护士，又是按压心脏，又是呼叫着妈妈的名字。我的腿一软，瘫在地上，两个护士把我架起来。我拼尽全力挣扎着、撕扯着，刹那间也不知哪儿来的力量让我奋力扑向妈妈。"我的妈妈，我一生中最爱的妈妈，让我最自豪的妈妈，你快回来呀。""你不能让我们接受这个残酷的现实呀。""我们爱你，我们不能没有你，这个家不能没有你，我们离不开你呀妈妈！""你最勇敢，你最顽强，你快回来，回来，回来！"

我的绝望、我撕心裂肺的呼号声弥漫了整个十五楼。刹那间，妈妈突然睁开了大大的眼睛，好像刚刚经历了一场殊死的搏斗。她挨个看了我们一眼，一双大眼睛好像在询问："发生了什么事？"我的泪珠从眼角滑落，我不敢相信眼前的事实，连滚带爬激动地紧紧贴着她的脸："我的妈妈，您一次次向死神挑战，您不愧是伟大的母亲。您的内心强大无比！妈妈啊，你快谢谢主任、大夫、护士，是他们从死亡线上把你拉回来的！"妈妈再次笑了……我怀着感激的目光回过头去，不知何时医生护士已悄然离开。白衣天使们，我向你们致敬！

下午三点五十分，妈妈被送进ICU（重症加强护理病房）。无情的呼吸机插入她的喉管，以后的十多天里她还是一直与死神抗争着。

从那以后，十五楼心内科的医生和护士都一致认定，王清池是被她的女儿从死神那里给"呼唤"回来的，那声音可不是在演戏。

4月30日，我在妈妈的耳边大声喊："妈妈，加油！"我亲吻着妈妈的额头、脸颊，万万想不到这竟是永别的一吻。

我的妈妈最终还是离开了我们，当得知噩耗时，我难以相信，冲过去捧起她的脸，啊，还热啊，我的妈妈没有走啊。但无论怎样喊，怎样叫，妈妈还是没有知觉。从今往后我再也不能为妈妈唱歌了，再也不能喊妈妈了，我有了人世间最锥心刺骨的疼痛——子欲养而亲不待！

回到家里，我一直在号啕大哭，这个现实我怎么也接受不了。家里的金毛犬也过来为我擦眼泪，我摸着它的脑袋，哭得更厉害了。

春寒料峭，冷得让人打战，月亮在云朵里穿行。听着窗外的朔风，我祈祷着、祝福着："妈妈，一路走好！"

假如有一天，所有曾唱过的歌都已淡忘，妈妈教我的第一支歌永远在耳边回荡："小燕子，穿花衣，年年春天来这里……"小时候，妈妈就是唱着这支歌送我走进学校的。长大后，我用这支歌为我的女儿吟唱。假如有一天，所有曾听过的故事都已经随风飘逝，妈妈讲的故事永远萦绕在我的耳边，永远铭刻于我的内心。

我写过一首小诗《母亲你太累》："母亲你太累／你为儿女把心操碎／无私奉献，高山仰止，松柏失翠／母亲你太累／你不让儿女受拖累／自己选择生命消退／博大的胸怀，让不孝者永生惭愧／母亲你太累，你的品格令人钦佩／伟大精神／一辈又一辈！"

女儿，妈妈不是不爱你

2015年11月8日，一个特别的日子，我女儿出嫁了。作为母亲，我曾无数次地站在舞台上，唯有这一次不是创作演出，而是真正担当一个真实的母亲的角色。但这一次却让作为母亲的我显得这样不自信，尴尬而没有底气。我拿话筒的手在颤抖，眼睛不知看什么方位。女儿出嫁这大喜事，可我心里又那么不舍。眼看着她穿上嫁衣，绾起头发，许多的话语我已来不及说。已经记不清最后和女儿说"我爱你"是什么时候了，就在此刻，我也不知用何样的语言来准确

和女儿的合影

表达我内心的感受。思来想去，最终还是要对女儿说几句作为母亲藏在心里很久的话。

我是一个话剧演员，在舞台上演绎了很多不同国籍、性格迥异的女性形象，自认、公认都还算可以。但是，在我自己的人生舞台上，母亲这个角色我却演绎得并不成功。记忆里我总是在忙，不是穿梭在各地演出，就是赶着去排练，忙来忙去。当我从省城载誉归来，急切地盼望见到分别了三个多月的还不到两周岁的女儿时，她竟朝着别人叫"妈妈"，我却成了"阿姨"。我当时把她紧紧地抱在怀里，失声痛哭。

回到家里，女儿把三十多首唐诗、五十余首儿歌背诵给我听，我边听边流泪。那种喜悦和悲伤交织在一起的复杂情感，至今令我的心隐隐作痛。

记得在女儿做手术最需要我的时候，我竟没有一次在她的身边。女儿已经习惯了，也不怪我。记得女儿在妇产医院的那次手术，我正主持下乡演出。手术前的一段时间，女儿心里很紧张，挂着打点滴的药瓶，疼痛难忍的她不时还要到卫生间去。离我集合的时间越来越近，女儿还在痛苦地蹲着。无奈，我说了句："玥，要紧不，妈妈要去演出了。"她立即装作没事的样子说："妈妈，快去吧，我没事！"像得到特赦令一样，我撒腿就跑了。

待演出回来时，手术已做完，女儿还在昏迷中。我立在她身边流着眼泪盼着她苏醒。终于，她睁开了眼睛，我立即扑到她的身边，轻声唤着她的名字。女儿的头一扭，连看都不看我一眼。

那一刻我痛切地感到作为母亲的惭愧。术后恢复，我想尽量守候在她的跟前，给她关爱。她输液的时候，我把旁人都支走，想趁这点儿机会有所表现。我看着吊瓶,以为这么大的瓶子打完还得段时间,于是拿起《爱你在心口难开》的剧本开始了案头工作。看着看着就进去了,竟把女儿输液的事忘得一干二净。女儿突然一声尖叫,吓了我一跳,回血了!瓶子已空,输液管里全是血,我吓得丢下剧本满走廊喊医生,还摔了一跤。医生不知发生了什么事,快速跑进来一看,狠狠地瞪了我一眼。处置完后,他问我是孩子的什么人,怎么这么粗心,我说是妈妈。医生用异样的眼神看着我,最后摇了摇头,走了。

我真恨自己呀!本想弥补一下过失,竟适得其反。从那以后,输液、陪护,女儿再也不让我靠前了,压根不信任我了。她说:"妈妈没有一点儿安全感,只有爸爸才是她唯一的依靠。"

女儿,真的很对不起,我惭愧,惭愧啊。我虽然给了你生命,可我亏欠你的太多太多。可能正是因为作为母亲的我欠女儿的太多,她自小就具有独立的个性,不到6岁,自己倒公交车上幼儿园、上学校,放了学又倒车自己回家。那时我们家住新起屯,幼儿园、学校都在中山广场。有一天上学,女儿在702路公交车上想起忘记带两元车费,本来在中间倒15路才能到中山广场,结果她不敢和售票员说,就一直被拉到了702路终点站。"这是什么地方啊?"孩子吓哭了。一位好心的叔叔得知情况后给了她两元钱,她这才有了一天的路费。

女儿很懂事,从小就知道体谅妈妈的辛苦。在排《女强人》的时候,我总是回来得很晚,女儿早已睡着。一天凌晨,我在睡梦中忽然感觉头上有一个大黑影子,吓得大叫一声,一激灵坐了起来。女儿躲闪不及,和我的头撞在了一起,真疼,真响。她哭了:"妈妈,我就是想你了,白天看不到你,想现在看看你。"孩子哭得像个泪人似的。我紧紧地把她拥在怀里,泪水流淌下来……

那个时候我就好像已不属于自己,心中只有一个念头,似乎角色就是我生命的全部。妈妈的爱,女儿只能从梦境里才能找寻到一点儿。

也许受父母的影响,我有重男轻女的思想。26岁怀了孩子,一门心思想的就是男孩。也怪了,基本上很少有人说我怀的是女孩,剖腹产前的手术台上,大夫还说八成是男孩,我心里甭提那个美了。可最后护士告诉我,剖出来的是女孩,昏沉中的我,心瞬间凉透了,甚至拒绝看她。几天过去了,护士抱着女儿对我说:"看不看?这小孩长得大、哭声大、眼睛大,是婴儿室的一朵花,不看我就抱走了!"那就看一眼吧。真就巧了,女儿一下睁开了眼,用大大的眼睛、乌黑的眼球盯着我。天啊,就这一眼,几天的懊悔和失落荡然无存,我从心底喜欢上了她。我把这事告诉了爱人,让他分享我的喜悦。

爱人把母子平安的消息告诉他的一个同学,同学全家为我们高兴,非要喝酒祝贺。盛情难却,我爱人呷了一口酒,夹了一块蚬子肉放进嘴里,呀,吃到珍珠了!他说:"我姑娘有名了!"后来选了"玭"字、"琼"字,我都觉得不好听,就选用了"玥"字。梅兰芳大师的女儿用的就是这个"玥"字,玥是我国古代传说中的一种神珠。我把起名的过程讲给女儿听,女儿在四年级写下一篇作文《我的名字的来历》,获得区里作文比赛一等奖,她还被评为区里的三好学生。

有天下午四点左右，我要去单位化妆，走到门外下坡路时看见女儿背着小书包、手里拿着一个地瓜边吃边缓缓地从对面走来。我以为她累了，就没和她打招呼，背着晚上演出的台词，与她擦身而过。这组"镜头"至今历历在目。孩子脏兮兮的小脸抬头看着我，一直目送我到拐弯处。一个烤地瓜就是她的一顿晚饭。

　　演出回家正值深夜，我推开门，一眼看到女儿那已经破得露出脚指头的鞋，鞋掌也已断开，这才理解女儿走路时的一步一挪和那望着我的神态。我揪心地难受了好一阵，心想，有了时间一定给孩子买双好鞋。一天，我老爸怪不忍心的，领着女儿到商场买了双新鞋。兴奋的女儿立即把旧鞋扔掉了，一直等我演出回来，双手捧着这双鞋："妈妈，妈妈，姥爷给我买了新鞋！"说着她就拉着我转了好几圈。这双鞋让她兴奋得几乎一夜没睡，第二天早晨上学比任何时候起得都早。吃完饭，她穿上新鞋，背起小书包，趾高气扬地去了学校。想象不出走进课堂的她会怎样自豪，至今女儿还念叨姥爷给她买了双新鞋的事。

　　另外一次，还是在这个坡路上。女儿放学突然肚子疼得厉害，哭着在地上打滚。一个好心的奶奶把她抱回了自己家，又是推拿又是热敷，终于帮她止住了疼痛。奶奶又给她熬了热粥，吃了晚饭才给她送回家。我回家后，女儿躺在床上哭诉着她肚子疼的经过，我们全家感动至极。第二天一早，我带着女儿去谢谢这位奶奶，我们围着楼房转了几圈也找不到她的住处。女儿说就是那个楼，可我们敲了几家的门都不对。我们第二天、第三天又接着去找。至今女儿也没有忘记这件事，那时她只有8岁，这位奶奶的恩情让她刻骨铭心。

后来，话剧团要赶排一个定向戏（亦称行业戏，就是按照专门的意向或社会需求创作演出的剧目）《祸》，讲的是工商干部清正廉洁的故事。戏里有个角色是孩子，年龄与女儿相仿，导演一眼就相中了她。但适合的小孩有好几个，为了公平，导演要孩子们试角色。"大李玥，马上试你的戏了。""好。"她立即到侧台等候。台下二十多双眼睛一齐射向她，她不慌不忙地走上了台，第一句台词就把导演和同台的老师吓了一跳：粗门大嗓，底气十足。导演提要求了："大李玥，你这个角色是有病的孩子，你这个嗓门太雄厚了，再来一遍。"谁知第二遍她就很机灵地从身体到声音都弱了下去，台词还带着颤音，惹得大伙都笑喷了。她最后试的是接我戏的那一段。我想这下她该紧张了，想不到她台词接得不仅很紧凑，而且情绪还酝酿得挺好，眼泪挂在眼眶里。导演发话了："这戏还挺有感觉的，憨乎乎的挺可爱，好，就是你了，大李玥！"试角色成功了，她站起来毫不掩饰地说："噢，我能演戏了！"一个大嗓门又把大家惹得哄堂大笑。

母女同台演一出戏，真是很有意思。没想到她临场不慌，入戏很快。当演到这个小孩要死去时，她微弱的声音让许多观众流下了眼泪。整个戏演出完谢幕时，她被上台的观众抱起来表扬称赞。

戏到绥中演出了，本来是由第二组小演员演的，下午四点，剧务老师突然说："在大连，大李玥的表演很出色，今晚继续由她上。"她高兴得一个高就蹦起来，立马去了剧场的侧幕等候。老师们哈哈大笑："离演出还有两三个小时呢，再说你还没吃饭，也没化装啊。"她却说："我先占着这个位。"又是一阵忍俊不禁的笑。演出开始了，第一幕结束换景时，她到了表演区候场。大幕即

和女儿一起参加《祸》剧的外地演出

将拉开时，她竟叫了声："报告，我要拉屎！"大家全愣住了。我在侧幕候场，喊了声："憋着！"在场的演员也都手足无措。正在这时，剧务抱着二组的小演员上了场，随手把她带下，戏才得以正常进行。据送她到卫生间的老师说，她根本没事，是吓的。因为这是到外地的第一场演出，领导特别重视，演前做了动员，"一定要打胜这一仗"，这让小小年纪的她产生了心理负担。大李玥的这件事，成了好多年后剧团里的一大笑料。

外地演出的每一天，女儿都早早地起床给我打好洗脸水，挤好牙膏，放在盛满水的牙缸上。她真是一个很懂事的孩子。《祸》剧的外地演出，让不到6岁的女儿去了许多城市，开了眼界，增长了见识，其中最大的收获是在首都北京的舞台。荣幸的是，欧阳山尊先生看了她的表演还一顿夸奖呢，说这孩子是块好材料，好好发展，有出息。

女儿从来没有让我操心过她的学习，我唯一一次给她开家长会还是因为她爸爸出差。我毫不在意地问她："玥，你在哪个学校，位置在哪儿？"女儿怔怔地望了我好一会儿。至今她还不时地开玩笑和同事说："我妈给我开了唯一的一次家长会，还不知道学校在哪儿。"

女儿11岁时突然向我提出要学习跳舞，我没有同意，因为我没有时间去陪她，她顺从了。现在想想，我的妈妈在我的理想上是多么负责任、有担当，而我呢？惭愧啊！不过女儿从来不怪罪我，她很善良，总是善待身边的每一个人，以善良的心拥抱这个世界。她很懂事，从小就知道体谅我的辛苦。幸亏女儿有个好爸爸，爸爸几乎无所不能，会洗衣服，会做饭，会辅导功课，会开导心情，大家都叫他"活雷锋"，样样工作他都做得很棒。感谢上苍，感谢孩子她爸，感谢每一位为女儿成长付出努力的人。在我的眼里，女儿就是世界上最完美的瑰宝。她很聪慧，很开朗，嘻嘻哈哈，乐观豁达，有她在就不愁身边会缺少欢乐，这点随她爸爸。

女儿很有爱心，经常做义工，奉献着自己的爱心。她的细致、她的耐心、她的坦诚真挚让我相信，爱出者爱返，福往者福来。

最值得欣慰的是，她很有眼光，在人生大事上选择了一个人品很棒的毕业于大连海事大学的小伙子。我为他们祝福，为此见证了属于他们最幸福的婚礼时刻……

播种篇：人生的另一个舞台

做传道授业的有心人

从事话剧艺术工作多年，应该说我已小有成绩。20世纪八九十年代是大连话剧团最辉煌的时期，也是我个人戏剧事业的鼎盛时期。艺海无涯，现实中的我在这条路上不停地奔跑着，乐此不疲地追逐，不愿意停下或放慢脚步。

我是个爱戏如命的人，在成长过程中，我始终不能忘记无数前辈艺术家的帮助指导。如今，看着我的学生们也开始和我同台演戏了，不禁感慨万分，真是"惊梦醒来五十春"！为了让灿烂的中华话剧文化延续下去、传承下去，今后我要将相当一部分时间和精力拿出来，做话剧文化的传播者。我把这视为自己神圣且义不容辞的光荣使命。

教书育人、传授技艺，这里面更多的是一种责任、一种精神。我的老师们曾经废寝忘食、兢兢业业地向我传授技艺，从一句话的表达到一个眼神的传递，再到一举手一投足，他们精心地传授着。今天在人生的另一个舞台

被评为全国劳动模范

上,我要向我的老师们致敬,正是他们的榜样力量,让我明确了人过中年的路应该怎样走,艺术人生应该怎样度过。我要举自己的微薄之力,和同辈的戏剧人扛起这杆大旗,将技艺传承进行到底!

于是我带着新人们走进了青少年教育的天地,走进了中小学和大学的课堂,走进了各县、市、区、街道,走进了社会福利院。我做讲座,亲自参演并带剧团的演员们进行"文化惠民""廉政之声""高雅艺术"等专场演出。

除此之外,我还利用工作之余,开始了艰难的教学工作。

在教学训练过程中,我更加关注的是对学生的综合能力及心理素质的培养,让他们战胜自我,克服困难,提高独立思维的能力。我记得有个男孩很调皮,多动,课堂上不停地讲话,一点儿不讨人喜欢,他的父母就想送他来接受正规的培训。谁想,平日里什么话都可以说,什么洋相都可以出,但一走上台他就开始哭,平日里生龙活虎的那股子劲全没了。这种表现就说明他有心理障碍。

这种情况必须首先在轻松的游戏中、在开掘他们潜在能力的过程中进行各种艺术元素训练,比如在"过家家""丢手绢""捉迷藏""即兴说出身边同学的姓"等游戏中,谁做错了谁就要当众表演一个小动物的形象。通过这种小游戏,他们开始放松自己、解放自己。

我还尝试着排演一些关于人生与梦想的"小童话剧""课本剧"等。经过一段时间的努力,他们的语言表达流利多了,到了舞台上也很从容了。2016年"六一"儿童节前夕,我创作并排演了一出小话剧《小英雄雨来》。在节目中,孩子们怀着向小英雄学习的热情，以纯真的情感、质朴的表演感动着评委们，《小英雄雨来》也最终被选入第五届大连市"美德少年"颁奖典礼暨"童心向党"文艺演出。这是同学们自我展示的一次质的提升，我相信，这样的实践过程会从根本上改变学生们的基本素质，使其不仅在语言的表现力上快速提升，更能触类旁通，比如在写作水平、创作与创新的结合能力上都有一个质的飞跃。

做传道授业的有心人

家长说，孩子在学习之前各科成绩一般，这样的培训使孩子们的眼光放远了，有了人生的目标，看到了未来，更懂得了脚踏实地努力学习的必要性。

我很喜欢我的学生们，和他们在一起，我的视野更开阔了，对艺术的追求更纯粹了，对戏的思考也更细腻了。有一次在给硕士生和博士生上名著片段赏析课时，他们提出了一个观点："老师，我们能否在艺术创作方式上来一次创新与突破，忘记斯氏体系的那些理念，从三堵墙的空间中抓寻角色种子和戏剧的核心？不然我们总是因循守旧，难道创造角色就这一种方式吗？"

我不否定他们的观点，因为艺术不是诸种观念的图解，他们在当下众多的戏剧流派中能够大胆地探索创作思想与观念，这种精神实在太可贵了！我提出了五个字："继承与发展。"

我想说，任何一个创作主体都可以在他的作品中选择自己想要的表达方式，从自己感兴趣的方面进行诠释。斯坦尼斯拉夫斯基表演体系也不是斯坦尼本人的，而是历经无数教学与表演实践，由斯坦尼总结思考之后提出的理论，有极厚重的基础。

重新构建体系前必须首先深入研究斯氏体系。戏剧表演的最高境界是演活一个人物，一个角色的成功总要规范到"这一个"上来，这便是有血肉、有灵魂的人物。

在2015年新版《雷雨》中，我尝试并运用了许多在人物性格表现形式与手段上不同的情感表达方式。一般剧团在艺术创作理念上几乎不太强调和张扬新的导向，学生们的观点让我想到将斯氏体系中现实主义的部分抽离，但仍按着这个体系的方法进行新的创作。其实，教书育人并不是终结自己的艺术创造，而是全新的开始。

今天，我终于使一茬一茬的学生走向了一个个属于他们的舞台。尤为可喜的是，在这些孩子中间涌现出一批以《爱情公寓》的女主角娄艺潇为代表的优秀学生。他们纷纷考上了中央戏剧学院、上海戏剧学院、中国传媒大学、北京电影学院、北京大学、清华大学、中国人民大学、中国人民解放军艺术学院等院校。今年又有一名学生同时成为北京师范大学和上海复旦大学艺考的第一名。

很多孩子家长对我说："夏老师，你改变了孩子们的命运！"这真是应了小时候父亲、母亲常强调的一句话："有志者事竟成。"我期盼我的学生们成为新一代的戏剧人，成为时代的开拓者、先行者。后生可畏！

后生可畏

做文化惠民的志愿者

下基层做惠民讲座的想法，是由大连人民文化俱乐部的大课堂引发的。

当时，大连市文广局安排我在人民文化俱乐部做惠民讲座，提前两个月就通知了，讲座的内容自定，听讲座的对象是城区的戏剧爱好者们。对首次公益活动，我非常期待。我先用大半个月精心酝酿了讲座内容，然后才开始动笔写讲稿。因为这是我第一次面向社会公众做公益讲座，和给学生们上课不一样，什么样的内容和形式能够让大众接受，我的心里一点儿底也没有。思来想去，我最后确立了《话剧表演谈》。我想听众一定会对演员这一职业感兴趣吧。

8月上旬是天气最热的时节，我的讲座时间是晚上六点三十分,地点是人民文化俱乐部二楼音乐厅。那天,楼下的大剧场还有一个外地话剧团在演出。时间快到了,只见楼下的观众络绎不绝,而楼上却寥寥无几,连第二排都没坐满。我开始有些坐立不安了。差五分钟了,我再一次走进去,人比刚才又多了些,我总算是有了点儿自信。我登上讲台,简单地做了自我介绍,下面掌声稀落。既来之,则安之,我只能厚着脸皮撑下去,先是从表演艺术的起源谈起,后又讲到了戏剧表演的三大流派。正在这时,下面开始窃窃私语,听众已经多了起来,场内的气氛也热闹了很多。"老师,我们对表演流派不感兴趣,你换一个内容吧。"我的脑子嗡的一下,马上意识到,如果还按准备的内容呆板地讲下去,会走人的。于是把话锋一转,随即谈到了演员如何与导演合作进行人物创造的主题。这回听众开始全神贯注了。

一个半小时的交流,我所讲的演员创造角色的过程完全颠覆了听众对做演员的美好想象。有个大学生感慨:"没听课之前,我一直做着明星梦,以为演员是快乐而幸福的职业,岂知做哪一行都不容易。"

还有一位戏剧爱好者提出,想知道演员与观众的关系是怎样的。这下我的话匣子彻底打开了。我认为,演员成功地塑造一个角色必走的道路是:一曰理性的分析;二曰感性的理解;三曰与导演及对手的合作;四曰,也是很重要的一点,与观众进行的三度合作。另外还有很重要的一点,演员与观众是不可分割的创作主体,因为对于一场戏剧演出来说,观众是继作家、导演、演员之后的第四创作者。观众是最有权威的裁判官,观众是最伟大、最无情的批评家,观众是主宰一个戏成败的命运之神。作为演员，不能忘记这条朴素的真理。

没想到，第一次不以角色出演而是面对面地和观众近距离地交流，触及的问题会这样具有深度，这引发了我一系列的思考。普及文艺知识是多少人的渴求，当社会进步、人类文明前行到今天时，社会对文化的需求不可阻挡地摆在我们眼前。作为一名戏剧工作者，我有不可推卸的责任与义务去开创这项工作，为大连人民的文化生活尽微薄之力。我要坚定信念，深入社区，送文化到群众中去，做一名文化惠民的志愿者。

我生于西岗，长于西岗，因此讲座首选西岗，心里觉得踏实。我联系了西岗区文化部门，并提出要到基层街道、社区搞义务文化讲座，区里的同志听了非常高兴，但安排下去却困难重重。有人不相信："这么大的演员还能走下来给我们讲座，是在作秀吧。"还有人质疑："她搞艺术讲座，这么长时间不收一分钱谁信呢？"我觉着做这点儿实在事竟遭到非议，很是难过，可转念一想，任何事情迈出第一步都是艰难的。有一天，西岗区妇

做文化惠民的志愿者

联段主席突然来电,让我和全区妇女同志交流有关女性人生的课题。接到通知,我激动得眼泪都要出来了。我又一次通宵达旦地准备功课,确立的题目是《从角色人生说开去》。在开场白中我这样说道:"好多专家都在开设女性课堂,传授着女性必读、必备、必学的知识……在一些领域,女性逐步进入主流,这是女权运动的结果,也是当下女人的骄傲,这世界因为女性而变得更加精彩!"台下的掌声让我更加信心十足,语言节奏更加紧凑,内容更加充实。这迈出的第一步反响热烈,随后我在西岗区的七个街道十几个社区开始了公益讲座。市文广局和团里对这项工作特别支持,纷纷排练惠民节目、话剧小品等。

通过在西岗区的文化讲座,我结识了很多热心艺术的朋友。从他们质朴的话语里,我感受到人们对文化艺术生活的渴求,更感受到文艺工作者与人民的心是相连的。

参加"心连心"大连艺术家与百姓喜迎新春活动

主持演出活动

此后，每年的西岗区文化直通车启动仪式都由我主持，西岗区"心贴心 添温暖"走基层系列演出及春节慰问敬老院、下街道和社区演出，我都积极参加，无一遗漏。在公益讲堂上，我不仅讲课，还有意识地带着剧团的年轻演员下来参与实践。我们要共同培植为百姓服务的意识土壤。

为了每一年都有不同内容的深层次的讲座，我特别邀请了辽宁人民艺术剧院的国家一级导演、一级演员来大连人民文化俱乐部做讲座，并在各区文化部门的支持和具体安排下制订计划，再下到西岗区各街道巡回辅导、做讲座。同时我也得到了其他区的邀请。当我走进中山区、沙河口区、甘井子区各街道时，首先映入眼帘的是一条条大横幅，上面写着"欢迎艺术家进社区""艺术家走进百姓公益讲堂"等标语。我的内心立刻涌出一股暖流，一种莫名的激动让我的眼睛潮湿了。"哎呀，你就是夏君呀，这下看到真人了。欢迎啊。"此时我深感内疚，觉得自己做得太不够了。艺术来源于生活，艺术家需要贴近百姓呀。

　　记得那是一个闷热的上午，烈日当头，人民广场街道有支近七十人的大合唱队伍知道我要去，正盼着呢。当时我正发着高烧，浑身疼得厉害，本想推掉或者移后，但是想到那么多人等着我去排练，就吃了比平时药量大的药坚持来到街道。一到楼上，一大屋子人早已整齐坐定，长时间的掌声回响在整个房间，让高烧的我为之一振。当时，我浑身冒着虚汗，为了不影响大家的情绪，我加大气力、提高嗓门极力硬撑着。这时一股清风袭来，原来有人用一把大蒲扇专门给我扇着风。不知是感动还是难受，泪水再一次打湿了我的眼眶，我忽然觉得身上轻松了许多，在台上一讲又是两个多小时。结束时，好多人围住我，纷纷表示这是他们接受的一次正规的艺术理论培训和专业声乐操作培训。社区负责人说："夏君老师真正做到了'台上激情演戏，台下真诚做人'。我们希望艺术家能更多地来到这里。"听着一句句期盼的话语，看着那么多年龄各异的大爷大妈、叔叔阿姨，我感受到人们对文化生活的强烈渴求，这种渴求是多么热切啊。

　　在站北街道，一位从老虎滩赶来的年近八旬的老爷子提前两个多小时坐在会场的第一排等候。一见我走进来，他马上站起来抓住我的手说："夏君同志，我终于见到你了。"说罢，他拿出了一个小册子，里面是有关我演出的近乎完整的资料，凡我演出的说明书、节目单、剧照、报纸介绍、广告等都装订在册。没等我回过神来，老人又说："我看过你演的所有的话剧，你的讲座消息我是从《大连日报》上获得的。道远，怕晚了，就早早坐上公交车来这里等候。"在课堂上,老人积极提出问题,还将创作的几首诗歌给我,让我现场朗诵,之后拿出一个小本子,上面写满了文字:"话剧发展走向何方?话剧市场存在哪些隐患?……"这是他来之前提前好几天在家做的功课呀。他不仅与我探讨当下的话剧发展等问题,还明确阐释自己的观点:话剧不可商业化,话剧艺术仍旧是高雅艺术。老人让我感受到话剧依然拥有这么深厚的社会基础,人民群众对艺术家是如此尊重,对艺术是如此崇尚。就是从那一刻起,我在心里承诺,今后每一年我都要走进社区,走进百姓,为他们义务做讲座。

在惠民演出与讲座中,我看到很多人在社区自办晚会,更多的普通人走上舞台展现自己的风采。他们更迫切需要掌握专业知识,这样才能更大限度地发挥自身的价值,美化社会,美化大连。

2016年是我市妇女联合会成立七十周年,我很荣幸被邀请在保利大剧院主持纪念三八妇女节活动开幕式,并受邀参加西岗区教育局举办的三八妇女节女校长联谊会。联谊会后,校

在人生的另一个舞台上绽放光彩

赴六盘水文艺支教

长们纷纷邀请我到她们的学校对老师的语言艺术及诵读能力、普通话等进行加强和提高。我去了地处西岗区胜利桥北的第七十一中学，因为那里地处小商品贸易周转地带，外来务工人员子女比例高达80%，学生的基础薄弱，家庭教育缺失。周边学校的老师、同学们一听说有关于诵读方面的讲座，纷至沓来。图书馆里坐得满满当当，一个半小时的讲座讲了三个多小时才结束，没人离场。

在由大连市总工会、大连市教育局、共青团大连市委员会联合发起的劳模风采体验行——"百名小记者采访百名劳模"的活动中，我通过座谈会、报告会等形式，和小记者们互相交流梦想，讲述自己的工作经验、体会及前辈们的敬业精神。优秀的学生代表为表达敬意，给我佩戴上红领巾，那一刻我真觉得回到了美好的少年时代。为了鼓励同学们努力拼搏，我以自己的奋斗经历为例阐述了一个大主题，那就是：只有在崎岖的山路上勇于攀登的人，才能到达光辉的顶点。小记者们说，我的经历使他们更加懂得做什么都要脚踏实地，天上没有掉馅饼的事，没有努力就没有收获。相信他们的心中已经种下为梦想勇往直前、不怕困难的种子，这粒种子终将在未来的某一天发芽开花。

在惠民演出与讲座中，我看到的是孩子们与大人们那盼望的眼神，听到的是持久不息的掌声。结束后我洒泪告别，人们挥手相送，我十分珍惜这份情感。这是艺术精神的聚会，这是情感世界的交融。

社会为每个人都提供了一个展示的舞台，每个人都在这个舞台上创造着属于自己的辉煌。我在戏剧舞台上摸爬滚打了几十年，似乎看到了辉煌，那就是我那金色的记忆。当我脱下戏装，洗净脸上的油彩，走出熟悉的剧场时，我没有停下前行的步伐，而是走上一个没有绚丽灯光的舞台，那就是传承戏剧艺术的舞台。在这个舞台上，我希望有更多的学生承袭戏剧衣钵，将戏剧艺术发扬光大。若干年后，他们回眸一望，也会发现身后拥有一个属于自己的金色记忆。他们的成功定然会丰富戏剧人共同的金色记忆。

结 语

望着快要尘埃落定的书稿，心头不禁一番感慨。谁承想，写一部十多万字的书稿竟如此煞费心思。前些年，当我参加中国戏剧家协会召开的夏君表演艺术座谈会时，与会的王育生老师、童道明老师纷纷提议，让我把戏剧生涯中的深切感受以及创作经验总结形成文集，为后来者留一些表演理论方面的经验之谈。

说者有心，听者有意。在我坚定此心并积极筹备之时，大连市委宣传部委托大连出版社要为大连市"金苹果"奖的得主们出版系列丛书，这和我的意愿不谋而合，令我喜出望外。于是我投入写书编书的繁杂过程。回顾往事，历历在目，几十年的舞台生涯中扮演的角色一个个又鲜活地蹦了出来，站立在我的面前。于是，一张张斑驳的照片、一页页发黄的稿纸，特别是那些前辈恩师留下的极其珍贵的墨宝再次勾起我的回忆，不由得叫我激动不已，有时甚至彻夜难眠。

时光如白驹过隙，当我将舞台生涯以感恩的心情行于笔端时，脑子里不时涌现出那些难以忘怀的瞬间。常言说："大恩不言谢。"可对于帮助过我、支持过我的恩师们，如欧阳山尊老师、李默然老师、王成斌老师等，我岂有不谢之理？还有大连市委宣传部、大连市文广局、大连出版社的各位领导和同志们，难以尽数。在此，一并致以深深的谢意！

我是在师长和同仁的关爱中成长起来的，我是在同台挚友甘当绿叶时成为红花的。我忘不了那些教导过我、帮助过我、而今离开了我的恩人们，他们那亲切的形象和睿智的语言已经定格在我的记忆中。我能在书中记录他们当年的风采，心中感到莫大的欣慰。斯人虽去，音容犹在，我想把这本书作为一炷心香献于他们的灵前。

和文化部原常务副部长高占祥（中）、姜昆（右）合影

如果说还有遗憾的

和李琦老师讨论戏剧创作

和葛优老师讨论戏剧创作

话，那便是有些事年代久远，恐怕会挂一漏万。有些人为我付出很多，这里却没有点滴笔墨，比如那些和我一路走来、亲如兄弟姐妹的"闺蜜们"，篇幅所限，恕我不能一一道来。我们的情谊弥足珍贵，我会牢记在心。

我发现在我人生的关键时刻，总会有贵人相助，总会有祥云托着我抵达理想的彼岸，我真是幸运极了。

党指引我走上文艺舞台，在纪念建党九十五周年之际，我完成了此文稿的撰写，这也是一个共产党员对组织应有的崇高敬意！

时间关系，有些观点和感受仅是个人的一孔之见，难免有一些谬误。书中涉及一些情景或人名，如有不实和错误，敬请原谅为盼！

慧眼识珠

夏君能把情感的爆发力与理性的控制力协调起来，深入角色的内心世界，她与角色已经处于难解难分的胶着状态。她在心灵中探索、培植、发展角色的种子，满怀真切的热情和主人公一起痛苦、一起困惑、一起幻想、一起领略人生的甜酸苦辣，这正是她作为演员的幸福所在。

乘风破浪继续向前

○ 欧阳山尊

夏君在《饥饿海峡》里塑造的杉户八重这个人物形象至今仍深深地印在我的记忆中。

日本杰出的现实主义作家水上勉在他的《饥饿海峡》中热情地歌颂了杉户八重这个温柔、善良、富有同情心和自我牺牲精神的日本妇女，对她的不幸和遭遇的不公平给予了巨大的同情。八重像一颗陨星，发出一闪蓝光就被黑夜吞噬，她被自己救过的樽见京一郎杀害了！这是一出震撼人心的社会悲剧。

我被邀到大连参加这个戏的工作已是十五年以前的事了。大连话剧团有众多出色的女演员，为了重现八重这个角色，我和剧团的李启昌、张素勤两位导演决定从几位演员中挑选。我们要她们每人准备一段台词，做一个小品。在挑选的过程中，我发现了夏君的表演才能，就决定由她来担任这个角色。在排演的过程中，她很快就掌握了人物，进入了角色。她对形体和感情的变化有很好的控制能力，对导演的要求也体会得很快。譬如在寺庙问卜时所表现的单纯,在与樽见互谈身世时的同情,温泉沐浴时对父亲的温顺体贴,被警察殴打逼问时的机智勇敢,她都能准确地表达出来。当排演到剧中人十年后重作冯妇再堕苦海时,我对她说:"八重现在已经是三十出头的人了,经过十多年的风风雨雨,她和前几幕已经大不一样,你应该表现出这种变化。"她很好地做到了这一点。在一开始出现的时候,她叼着一支烟,懒散地靠在门栏上,用嘶哑的中音替代前几幕甜美的高音,无精打采地说着台词,使人感到这个饱经世故的风尘女子对生活已厌倦和绝望。可是当她偶然在报上发现樽见的照片时,她的眼睛亮了起来,心中重新燃起一丝温暖,决定千里迢迢去拜访这个与她曾经互吐心曲的人。没想到,竟惨死在这个罪恶的人手中。

《饥饿海峡》不但描绘了战后日本人民肉体上的饥饿,也深刻地描绘了日本在经济复兴以后一些人精神上的饥饿,经济地位改变后的樽见就属于这类人。这也是他昧着良心杀害八重的原因。这出戏告诉人们,侵略战争是罪恶的根源。夏君真实、生动地塑造了八重这个人物形象,也通过八重的悲剧表达了这个深刻的戏剧主题。

一晃十五年过去了,我已是耄耋老翁,夏君则风华正茂,正是一个演员走向更加成熟的时候!祝她在艺术的海洋中乘风破浪、前程无量!

(作者系北京人民艺术剧院创始人之一、总导演)

夏君印象

○ 童道明

初识夏君，是大连话剧团决定排演《女强人》之后请我到大连去给剧组讲阿尔布佐夫和他的这部剧作。夏君当时一头短发，留给我的印象是青春焕发，符合我想象中的女强人玛雅的形象。《女强人》公演之后，看过演出的北京朋友对我说演出很成功，夏君的表演尤为出色。

1991年夏天，大连话剧团把《女强人》带到了北京。他们在北京连演两场，我连看两场，我被夏君的表演征服了。

夏君让我吃惊，首先在戏开演之前。离演出还有二十多分钟，但化完装的夏君早已坐在台上那张逍遥椅上托腮深思，酝酿情绪，准备进入角色玛雅的世界。我知道，斯坦尼斯拉夫斯基主张演员出场之前先有半个小时的"心灵化妆"。我不敢打扰她，就在舞台的一侧驻足欣赏，我觉得这正是夏君的"第一自我"与"第二自我"开始融为一体的瞬间，十分美丽。

夏君让我吃惊，也是在戏开演之后。戏是从女主人公玛雅的独白开始的:"多么不平常的一天……它过得好慢,似乎一切都很好,甚至很快活。"夏君的独白一下子就把观众抓住了,她深潜的内部技巧和台词功夫,都值得赞美。

夏君让我吃惊,更是在戏演出之中。《女强人》是一部特别依赖女主角表演的戏。推动剧情发展的,是女主角具有跳跃性的回忆与反思。大幅度时空的跳接,主要是靠演员的表演实现的。四十岁的玛雅跳回二十岁的玛雅,只需演员在一个停顿之后用新的情绪色彩去适应人物新的规定情境。在三个多小时的演出中,夏君的玛雅几乎一直在舞台上,是戏剧事件的中心人物。这样吃重的角色,我们在戏剧舞台上难得见到。

夏君在玛雅的角色创造中能够成功,得益于她能把情感的爆发力与理性的控制力协调起来,她能深入角色的内心世界去。当然,"进入角色"也只能相对而言,但夏君在舞台上有几个出色的瞬间(如没有与基利里尔诀别的戏、玛雅造访达申卡的戏)的确让我感到她与角色已经处于难解难分的胶着状态。可以想象,为了展现这种舞台魅力,夏君耗去多少心力!她需要毫不吝惜自己,在心灵中探索、培植、发展角色的种子;她需要满怀真切的热情和她的主人公一起痛苦、一起困惑、一起幻想、一起领略人生的甜酸苦辣。而夏君作为演员的幸福也正在于此。

(作者系我国著名戏剧文学家、翻译家)

准确深刻、富有创意的形象创造
——谈夏君演《雷雨》中的蘩漪

○ 黄维钧

"五四"以来的话剧优秀传统剧目中，首屈一指者当数曹禺先生的《雷雨》。凡话剧院团，几乎皆以不曾演出此剧为怯懦，而且此剧有一种诱惑力，无论看哪种既有的演出版本，都觉得并非完美无缺，都还有留给自己发挥的艺术空间。我在这篇小文中想谈谈对夏君塑造的蘩漪形象的浅识。

夏君出道颇早，自中央戏剧学院毕业后，演过不少中外话剧。夏君当年在《饥饿海峡》中成功塑造的因生活所迫沦为娼妓的日本妇女形象，就引起了人们的关注。我对她1991年为争夺"梅花奖"而到北京演出的《女强人》印象较为深刻。她饰演该剧的主人公玛雅。这个戏是当时苏联戏剧中现代色彩较强的作品，夏君在大跨度的时间、空间中，以不断往复的心理呈现和鲜明而有力度的戏剧动作，自信地把握着人物，展示了人物鲜明的性格。她的演技纯熟而放得开，得到了人们的嘉许。当时"梅花奖"得奖剧目主要是国产创作剧目，夏君却凭在这个外国剧目中的出色表演，争得了当年的"梅花奖"。

"梅花奖"创办二十周年大型纪念活动中，上演了一台别出心裁的《雷雨》，导演是备受尊敬的徐晓钟先生。这是一次开先河的演出，第一次最完整地展现了这出戏，把原作本来就有的"序"和"结尾"都保留了。剧中的人物由"梅花奖"获奖演员联袂出演，其中蘩漪由三个演员合力塑造，夏君就是其中之一。前几年大连话剧团携《雷雨》进京献演，演蘩漪的还是夏君。

蘩漪是戏中最重要、最复杂，也是最难演的人物。曹禺先生在此剧初版序言中说她有"最雷雨的性格"。这个戏叙事的时间跨度达三十年，故事如此离奇惊心，人物关系如此复杂，性格碰撞如此激烈，思想哲理如此深邃，却是用三一律写成的，而且结构之严密简直天衣无缝，所以其中的一字一句、一举一动都不可轻忽。夏君对于蘩漪的塑造有相当全面、深入的理解与把握，这是表演准确性的前提，然后她将此贯彻于全部戏剧行动之中。人物的心理动作、微妙的情感起伏都得到恰到好处的传达。

例如关于喝药的重头戏。四凤要蘩漪喝药，说是老爷吩咐的。蘩漪语气严厉地说："倒了它！我喝够了。"她喝止四凤的劝说："谁要你来劝我，倒了它！"她显得非常决绝。关于喝药的问题，是蘩漪与周朴园性格对决之处，夏君表现得毅然决然，即使面对周朴园的责问，她仍直面以对："药被我倒了！"周朴园是绝对权威，独断专行，他命令把剩药倒来，一定要蘩漪喝下去，她偏不喝。夏君没有把戏演简单了，这中间她有过推托（药太苦），有过忍让（过一会儿再吃），但周朴园说一不二，她必须立即喝下。对蘩漪来说，"他说一句我得听一句，是违背我个性的。"这是二人冲突的本质所在。蘩漪要争取自我的存在，她硬是不肯喝。演《雷雨》，都重视这节冲突激烈、处理奇特的喝药戏，但有的过于表面强化而把戏演得简单了、干巴了，甚至概念化了。夏君这节戏演出了过程，戏也就自然、丰富、合理了，具备了应有的文化内涵。

但是，蘩漪最后还是把药喝了，因为周朴园无计可施，在狂怒之际，命令周萍跪下，求"母亲"把药喝了。周萍正如蘩漪所说的，是他爹的乖儿子，竟然真的跪在蘩漪面前。膝刚着地，坐着的蘩漪像受了惊吓，蹦身而起，一面喊"我喝"，一面举药仰面，一口喝下，随即转身冲向楼梯；快步走到楼梯的一半，掩面放声痛哭。虽然周朴园横暴无忌，而且按辈分，周萍为儿，蘩漪为后母，在这个封建家庭里，儿跪母不至于让蘩漪惊吓到这般模样。蘩漪这样强烈、反常的反应，除了斗争失败因屈服而失去尊严外，更因为只有她才明白：周萍与她有过私通，是她一心终身相托的人，她怎能接受他的跪求？夏君刻意强化的反常之举，有力地诠释着蘩漪与周萍见不得人的关系。这段喝药戏，是夏君整个表演中第一个精彩片段。

蘩漪虽然在周萍身上最终实施了可怕的报复，但在这之前，她对他有一系列用心良苦的戏。被蘩漪一再强调"你是你爹的儿子"的周萍，当年勾引了蘩漪，始乱终弃，又与四凤勾搭上了。蘩漪不是对他没有看透，也不仅是出于感情，她想保持、留住与周萍的关系，深层的诉求是希望通过他逃出这个牢笼，改变自身的命运，摆脱周朴园的压迫，求得自由。所以在最后"爆发"之前，夏君很真诚细致、委曲求全地演出了蘩漪与周萍的"心的交流"，包括他父亲是怎样的人，她的痛苦处境，她对他的期待，以及他对她负有的责任。但无奈，绝情的周萍只想逃避，最后，不屈的蘩漪表现出了她刚强而阴鸷的一面：一个女人不能受两代人的欺辱！她的"雷雨性格"终于爆发。这个过程，对认识、了解蘩漪的为人、内心、精神是很重要的，夏君非常有分量、有思想地鲜明而得当地演出了这个过程，这对于全面诠释蘩漪十分重要。

整个戏是出大悲剧，是由蘩漪关闭周萍跳进四凤房间那扇窗使周萍无从脱身，被鲁大海撞见，四凤出逃，最后真相大白，造成三人殒命、个个自危的大悲剧。这悲剧是蘩漪始料不及的，也是她决不愿看到的，因为她不知道鲁妈就是当年的侍萍，也就是周萍的亲妈，因而周萍与四凤是一母所生的亲兄妹。所以当周朴园说明鲁妈就是鲁侍萍后，蘩漪身不由己地惊叫，随即转身向后，扑到亲儿子周冲身上。演到这里，夏君让观众明白，蘩漪并不了解这样的人物关系，她不是酝酿成整个悲剧的罪魁祸首。我看有些别的院团演出，此处交代并不清晰。而夏君的演出，此处得以强调，显然这是经过周密思考后的恰当表达。蘩漪料到后果而实施报复，就是阴谋；她不知此中玄机而酿此大祸，这才是每个人都难逃宿命的大悲剧。

（作者系《中国戏剧》原主编）

浅析夏君的舞台创造

○ 李默然

认识夏君同志已近二十年，她是一位有潜质的个性化演员。例如在曹禺先生的话剧《雷雨》中，她年轻时演过四凤，以后又演繁漪。年龄、阅历、身世皆有极大的差别，但夏君演来，真是各有特色、栩栩如生。她在获得"梅花奖"（我国戏剧表演艺术的最高奖项）的苏联话剧《女强人》中，塑造了一个有棱角、极温情、性格复杂的妇女形象；在日本话剧《饥饿海峡》中，她又成功地塑造了一个被侮辱、受欺凌的、生活在日本社会底层的、生活艰难的、强装笑颜且苦苦挣扎的妇女形象。

夏君在兼容并蓄、博采众长的不倦学习中，逐渐形成了自身朴素、细腻而奔放的表演特色。作为一位演员，她认真地对待生活，观察生活，细腻地体验，认真地分析，由此取得创作源泉。

夏君在语言艺术上亦有其独特的功力，清晰，准确，做到了"以气托声，声中有情"。

夏君同志亦讲究舞台上的造型美，举手投足皆具美感与生命。她的戏，在外部动作上不瘟不火，令人信服。

（作者系我国著名表演艺术家、中国戏剧家协会主席）

夏君让蘩漪雷雨般爆发

○ 高扬

有人说,《雷雨》中的蘩漪应是最具"雷雨性格"的,《雷雨》就是为蘩漪而写的。可我所看过的蘩漪大多是沉闷的、忧郁的,是大家庭腐朽、糜烂的代表,是整个悲剧的主要制造者之一。

看大连话剧团演出的《雷雨》,夏君所饰演的蘩漪让我一扫沉闷之感。夏君是明亮的,她的服饰多是明亮大块的色彩,显示出她旺盛的生命力。她的眼睛是明亮的,清澈而透明,让蘩漪不再是忧郁、灰暗的,而是对生活充满着渴望。面对周萍,她的目光不再是祈求的、哀怨的,而是明媚的、高傲的、咄咄逼人的。她的台词是明亮的,不是有气无力地说着令人生厌的往事,而是时而满怀深情,好像要唤回过去曾有过的真爱,时而高贵孤傲,直斥那世俗的世界。夏君的动作是明亮的,她在台上优美得让人心醉,身子挺拔秀丽,头总是高高地扬起,举手投足都好像有舞蹈的韵律。

夏君曾四次参演《雷雨》,一次演四凤,三次演蘩漪,每一次都有更深入的表现。第一次，她演四凤，年轻的她连触一下周萍的手都会脸红。导演对她的要求是，快结婚吧。当时，她对蘩漪这个角色还有些反感，但她对本团演蘩漪的演员很羡慕。第二次演《雷雨》，她演蘩漪，基本上是按照老演员的方法去演的。她应邀赴日演出后，被日本观众称为"青春座"偶像。给她印象最深的是徐晓钟导演庆祝"梅花奖"创办二十周年的明星版《雷雨》，她与众多"梅花奖"获得者一起在台上表演。这一次演出，她学到了很多东西，她清楚地记得，晓钟老师要求大家一定要从人物出发，深刻体验人物的情感，要有自己独立的解释，要有时代感，但人物还是不要离开生活的那个时代。夏君记住了，全身心地投入，她演的蘩漪获得了好评，徐晓钟评价为："把捏精准，形神兼备。"第四次演《雷雨》，她把过去的经验很好地总结了一下，并且全面地研究了蘩漪的性格，她认为蘩漪是个有知识、有文化的人，高雅和美丽应该是她基本的素质。蘩漪的反抗一定是一种殊死的反抗，因为相夫教子不是她的理想，她的理想是找到属于自己的爱情，哪怕玉石皆焚。但是，如何更强烈地表现蘩漪这一"雷雨性格"？夏君想到了动作，只有加入有力的动作，人物性格才能爆发出来。夏君从小是学习舞蹈的，舞蹈的语汇已融入她的血液，于是，在排练中她有意识地寻找一些舞蹈的感觉，在体验人物的基础上，让动作自然地流淌而出。演出中，她的表演受到专家和观众的欢迎，被评论家童道明先生称为"华彩的乐章"。

（刊载于《中国戏剧报》）

剖析毫厘 透视灵魂
——谈夏君的表演功力

徐晓钟（中央戏剧学院原院长）

2003年是中国戏剧"梅花奖"创办二十周年，中国戏剧家协会组织了一些庆祝活动，有一项就是由"梅花奖"获奖演员合演《雷雨》。夏君的表演有个很好的特点，就是内心的体验深。她不光有深刻的内心体验，还有鲜明的感受，或通过声音，或通过外部形体把人物内心的感受表现出来。她的整个表演很质朴，这是很可贵的地方，也是当前的表演艺术应该提倡的东西。我希望她再接再厉，一方面重视我们的现代戏，另一方面也重视话剧的经典，两手抓。这不仅对发展戏剧有好处，对演员才华的展现也是有好处的。

王育生（著名戏剧评论家）

十年前中国戏剧家协会举办"梅花奖"二十周年纪念活动时，北京演出过一台十分难得的、剧中全部角色都由"梅花奖"

获奖演员扮演的《雷雨》。演出成为一时之盛事，在戏剧界引起了很大反响。这次演出当中，繁漪这个角色就是由夏君饰演的。应该说，从那时起，夏君就已经是我记忆中永远抹不去的人了。

多年后，夏君再次进京演出《雷雨》，颇具新的意象。这台《雷雨》带有黑土地的特点，感情强烈，节奏明快，气氛浓郁。这次夏君所饰演的繁漪比十年前在北京演出的那场《雷雨》中的繁漪要更胜一筹。这次饰演的繁漪，除了具有名门闺秀应该有的大气、书卷气、洋气之外，个别地方又带出来一丝"乖戾"之气。比如她万般无奈，决心与这个家同归于尽时的那种无所顾惜，让人产生惊悚之感，从而使繁漪这个复杂的人物更丰富、立体、有层次、有对比。夏君所饰演的繁漪，确实成为在全剧中最具有"雷雨性格"的人。评论家们一再指出繁漪这个人物的"可爱之处，正在最不可爱之处"的独特特征。

2014年，夏君来京演出时提出一个想法：出版一本记录自己舞台生涯的书。可是对于一辈子把精力全都放在演戏上的演员来说，出版这么一本书籍颇费周章。夏君做出了一个决断：书籍的主体部分，即关于她艺术经历、艺术体验的部分，不求别人代笔，完全由自己动手，最终完成一部数万字的"自传体"文章。这个决心可不是轻易能够下的。由此我才进一步认识到夏君那柔弱的外表下竟然是如此坚毅、顽强的性格。为了心中的艺术，她已经在舞台上拼搏奋斗了几十年，如今，她又要在另一个完全陌生且并不擅长的领域里冒险攀岩。看来，在她面前，世上没有不可战胜的困难和险阻。于是，我的脑际突然幻化出了一个攀岩者的形象，她让人肃然起敬！

难能可贵的是，夏君从不放弃追求理想，除了应邀到北京或是辽宁人艺参加演出外，她在大连积极参与各种公益演出，是个实至名归的德艺双馨的表演艺术家。我知道，支撑她做这一切的是爱。

《光明日报》

夏君在玛雅这一角色创造中的成功，得益于她能把情感的爆发力与理性的控制力协调起来。需要动情的时候，她的眼睛里可以滚动热泪；需要控制的时候，阴霾能刹那间布满她的面孔。而在情绪的大起大落之间，必定有稍纵即逝的形象色彩转换的过渡。夏君注意把握好这个短促的过渡，让我们感到，在这个瞬间她的内心也不是一片空白，而是在为下一个戏剧段落进行"心灵化妆"，积聚内心的能量。看了《女强人》之后，我加强了这样的认识：斯坦尼斯拉夫斯基的情感体验学说和狄德罗的理性控制理论是可以互相协调的；心理现实主义的表演，与高度假定的表现是可以相得益彰的。而高杰导演敢于排演这个高度散文化的剧本，也是想象到了上述"两结合"的艺术可能性。

搬着石头上山的人
——夏君表演艺术印象

○ 张素勤

我认识的夏君不矫揉、不做作，她那种独特的美很有力量。她是个戏痴，心里有种淳朴的东西存在。为了在舞台上呈现出更精彩的表演，她常常用最"笨"的方法，花费大量的时间和精力"一根筋"式地练习。我想，聪明人都是肯花"笨"力气的，把主要角色交给这样用心的演员，能不放心吗？我信任她，喜欢她，佩服她，每每想起她，总觉得有一株米兰出现在眼前，那淡黄色的小花掩映在绿叶下，飘散出淡淡的清香。这是我对夏君表演艺术的第一印象。

夏君能够在冲突情境中细致地揭示人物的内心活动。她塑造的《饥饿海峡》中的杉户八重、《太平庄》中的玉梅、《幽兰晚香》中的何兰，形象鲜明，感人至深。能够把一个又一个多侧面、立体化的艺术形象丰满地呈现在观众面前，这需要一定的生活历练。

夏君是位对规定情境有敏锐感受力的演员，她创作不忘三点：对手、视像、心理活动。在表演中，她将注意力始终集中在一个点上、一个事情上、一个物件上或对手身上。她对表演一丝不苟，并注重和对手的交流，力求摸透对手的言外之意、弦外之音。言外之意有时并不是通过字眼表现出来的，而是要看对手的表情、眼神，只有这样察言观色，才能敏锐地领会到对手的真正意图，从而校正自己的"行动"。夏君塑造的几个人物形象，内心充实，真实自然。

夏君创作欲望强烈，总想超越以前的自己。她常说："提要求，提要求。"我的理解是，她要逼着自己创新表现形式以丰富人物的性格特征。为此，我要求她在不同情境对不同对手采取不同的方法，"逼"她换一种形式，再换一种形式，保证不重样。可贵的是，她总能创造出不同的表演形式，表现出不同的感情色彩。这种迥异的艺术效果，有强烈的震撼力。

夏君之所以有今天的成绩，跟她的控制力、适应力和对艺术创作的执着是分不开的。

艺术是一座高峰，永无止境，只有持之以恒，坚实地迈出每一步，才能到达艺术的顶峰。在这个艰难的攀登过程中，要付出的代价和取得的成功是成正比的。我相信，搬着石头上山的夏君，一定会用坚强的意志、炽热的感情使自己的艺术生命风华常在、青春永驻。

（作者系大连话剧团著名导演）

声朗朗吐纳五味心语 情切切演绎七彩人生
——浅谈夏君的话剧表演艺术

○ 刘福兴

很早就知道夏君的名字，因为她的声音条件好，情绪饱满，在大连朗诵界知名度很高。可是真正认识夏君，还是在1984年拍摄《饥饿海峡》电视舞台艺术片的时候。

夏君在《饥饿海峡》中饰演的女主角杉户八重是一个有十年时间跨度的妓女形象。这是夏君除电影以外从未接触过的人物类型。那从未体验过的人生阅历，那知之甚少的异国情结，都增加了夏君创造人物形象的难度。但她透彻地分析并认识到了二战后的日本社会骚动不安，人民生活窘迫，贪婪的暴发户和贫民之间有不可逾越的鸿沟。抓住了这样的社会背景，夏君信心满满地投入角色创作中。例如在八重与樽见重逢的戏中，夏君为了给八重的悲剧结局做足铺垫，以长沙发为支点，与樽见侃侃而谈，谈到动情处，她笑得前仰后合。她用略带夸张的形体动作展现出八重那充满友善、毫无戒备的坦荡心态。八重的追忆与樽见要掩饰那段历史的心态形成了极大的反差，这种反差使隐形的矛盾进一步激化，一条含而不露的认与不认的动作线慢慢地延伸开来。

在夏君的话剧表演实践中，苏联话剧《女强人》无疑是她付出最多、收获最丰厚的一个剧目。在这个洋溢着异国情调的戏剧中，她要领悟那个国度的民族特点，还要挖掘出女主角玛雅的思想基础和性格特征。为了完美地塑造出女强人的形象，她兢兢业业，使出了浑身解数。《女强人》虽然被标注为无场次戏剧，实际上它更像是一出有诸多相关人物助演的"独角戏"。三个多小时的演出，夏君几乎没有离开过舞台，她以回忆贯穿情节，辐射出众多人物，推进着剧情的发展。因此，人物的面部表情变化、语言的张弛有度自然就成了体现玛雅精神世界的关键。这是一出很吃功夫、很考验演员才能的戏。

夏君饰演玛雅时善于运用话剧表演艺术中动作节奏鲜明、动作幅度略显夸张的特点，与自己台词字字珠玑、句句铿锵的优势有机结合起来，因此，我们在剧中既可以看到夏君话剧表演的扎实功底，又可以看到她对人物内心的理解、挖掘。

数十年来，夏君贴近生活，把握时代脉搏，在舞台上塑造出众多身份不同、性格迥异的鲜活人物，被文化部评为"尖子演员"，可谓实至名归。

（作者系大连电视台导演、影视评论家）

春华秋实

话剧人是清贫的，在严寒中排练，在酷暑中演出，走基层，进校园，到农村，下海岛。但梅花精神是演员不懈的精神动力，它让我在现实中坚守，在困惑中探索，用行动传播戏剧艺术，用精神培养戏剧群体。

超越自我 探求表演新思维
——扮演繁漪的点滴

○ 夏君

我是在传统舞台创作思维中成长的话剧演员。多年的实践使我深深感到表演创作是一个艰辛的历程，它在剧本规定的基础上，在导演的二度创作之中，既要"情感的现实体验"，又要"理智深邃的分寸把握"；既要会在幻想主义演出中深入规定情境，让观念看到逼真的再现技能，又要在探索实践中随着舞台时空的交错表现人物意志的流动。为适应不断变化的舞台，演员需要娴熟的表现技能，要像液体一样可塑，随时可以灌进任何容器而成形，从而在创作中百战不殆。

正值曹禺先生百年诞辰，我再次走进《雷雨》。过去演出中的繁漪总是给人一种性格不够鲜明、不值得同情的、令人憎恶的人物形象，改变观众对繁漪的印象，成为我这次人物创作的突破口。挖掘人物的心理，强调人物的主观性，首先要强调创作者的主观性，也就是要站在时代的高度回头认识那一段历史，深入实际，分析研究角色所处的时代和规定情景，从中获取繁漪行动的内涵。如果从社会高度把她放在特定而具体的历史和家庭环境去理解就会得出这样的结论：她是一个反对封建婚姻，一心追求幸福爱情，对未来有美好憧憬的女人。周萍是她活下去的唯一希望，当这唯一的希望破灭时，她注定要崩溃。

深入挖掘蘩漪复杂多变的内心活动过程，是我这次创作的重点。我要将蘩漪内心的自我冲突，特别是和大少爷周萍心灵的交锋展现出来。比如第二幕周萍执意离开蘩漪，蘩漪对周氏父子两代的新仇旧恨顿时喷涌而出："你记着，一个女人不能受两代人的欺辱！"周萍执意不肯留下，拔腿就走。原作中提示："蘩漪望着周萍出去，流下泪来瘫扶在沙发上哭泣。"而这次导演让我一个回身冲向楼梯，然后转到台中对观众说了一大段独白。导演强调的是内心语言的形体外化。于是当周萍离开我的时候，我声泪俱下，痛苦绝望地喘息着，疾步向他追去，又突然退回来，漫无目的地踉跄冲向楼梯，停住，反身仰天叹叫"热极了"，又反身叫"闷极了"，将蘩漪在周家压抑了十八年的闷与热表现出来。我用颈部、腰部及双腿的支撑力，把头与胸仰到极限，然后站在楼梯上俯瞰着周家："这里真的是再也不能住了。"随后，一边哭喊着，一边跑到客厅中央，挥舞着手臂："我希望今天变成火山的口，热烈烈地冒一次，什么都把它烧个干净。我过去算是完了，希望大概也是死了的。"接着猛然转身，将痛苦绝望即刻变成愤怒："来吧，恨我的人，来吧，叫我失望的人，都来吧，我在等着你们！"这一组的表演和舞台调度，表现了时间和空间的延续，既是一种叙事手段，又是一种心理展示，将蘩漪内心的忧伤、愤怒、绝望等情绪用自己内心的体验、形体语言的技巧外化，把它们放大、强化，极具视觉冲击力地推到观众面前。

在角色的整个创作中，我借鉴了戏曲和说唱艺术的方法，把"表"（语言叙述）和"做"（表情动作）有机糅合在一起，情节与事件、人物关系和矛盾冲突、角色心理冲突和情绪色彩都通过"表"和"做"生动地表现出来。在体验与表现两者结合的同时，又时不时地加进对角色的评价意识，将自己对角色的某种评价渗透于意识之中，高屋建瓴地驾驭人物。

演员只有具备高度的文化素养才能体味出文化的境界，从更高的层次去看社会、看人生，这样才能使角色从新的角度获得新的生命。只有在表演实践中更新话剧表演美学观念，探求表演新思维，才能不断超越自我。

（刊载于《辽宁戏剧》）

梅花精神，永映中华

○ 夏君

记得陆游有一首《梅花绝句》："闻道梅花坼晓风，雪堆遍满四山中。何方可化身千亿，一树梅花一放翁。"诗人描绘了梅花绽放、白雪堆山的梅花之盛，同时把对梅花的痴迷之爱淋漓尽致地表达出来。

三十年前，中国刚刚步入改革开放，人们对文化艺术发出强烈的渴求，全国各地的剧院团都在为文化繁荣做着准备。"梅花奖"就是顺应历史和艺术发展之规律而设立的，它让老一辈优秀艺术家的心愿得以实现，同时也激励着青年演员更深入地探索实践。

大连话剧团是新中国最早的话剧专业团体之一，它已走过数十年的风雨历程，排演了一大批古今中外的著名戏剧，涌现出一大批优秀的导演艺术家和表演艺术家。特别是苏联话剧《女强人》更是展示了大连的戏剧风貌，震撼着大江南北，作为主演的我也因此获得第九届中国戏剧最高奖"梅花奖"，成为东北三省获"梅花奖"话剧女演员的第一人，为辽宁戏剧、大连戏剧的发展倾尽自己的绵薄之力。

随着时光的流逝、文化的多元发展，社会上出现了这样一种倾向：得了大奖、晋升为一级演员的人不用再登台演出了。很多人劝我见好就收，好好利用资源和人脉下海经商，但对我来说，对艺术的执着追求似乎是与生俱来的。我意志坚定、百折不挠地坚守舞台阵地，不时地实现我的戏剧梦。

我每年都坚持演出二百场以上，除了参加剧团的演出外，还参加省、市各类公益演出，为青少年宫的孩子辅导表演和主持，一坚持就是近二十年。二十年来，我牺牲节假日，面对家人和朋友的不理解，我激励自己：俏也不争春，只把春来报。待到山花烂漫时，她在丛中笑。我要尽自己所能，将梅花精神坚持到底。

几十年的演出生涯，毋庸讳言，话剧人是清贫的，有时也是疾苦的。我们在严寒中排练，在酷暑中演出，走基层，进校园，到农村，下海岛，有时受一些思潮的影响，有时还会受到非艺术因素的干扰，但梅花精神是不懈的精神动力，它让我在现实中坚守，在困惑中探索，用行动传播戏剧艺术，用精神培养戏剧群体。

"梅花奖"已经走过数十年风雨历程，全国一大批"梅花奖"获得者在各自的岗位上弘扬梅花精神，为中国戏剧舞台增添了更多的华彩。当下，梅花精神正鼓舞和感召着更多的青年演员向艺术的最高目标冲刺。

（原刊载于《中国戏剧报》，有改动）

作品展示

1979年，在《丹心谱》中饰演方静舒

1980年，在《魂牵万里月》中饰演珍妮

1981年，在《双喜临门》中饰演赵春梅

1982年，在《被拨动的心弦》中饰演梁月

1982年，在《夜潮》中饰演夏华

1986年，在《女强人》中饰演玛雅

1989年，在《大红楼》中饰演一枝花

1995年，出访日本演出，在《雷雨》中饰演繁漪

2003年，和总政话剧团的王丽云演出，在《父亲》中饰演杨大玲

2003年，与辽宁人民艺术剧院院长宋国锋在人民大会堂演出，在《报春花》中饰演白洁

2004年，在《家在路上》中饰演宋秋月

2006年，在《爱你在心口难开》中饰演郑梅

2006年，在《月亮花》中饰演平平

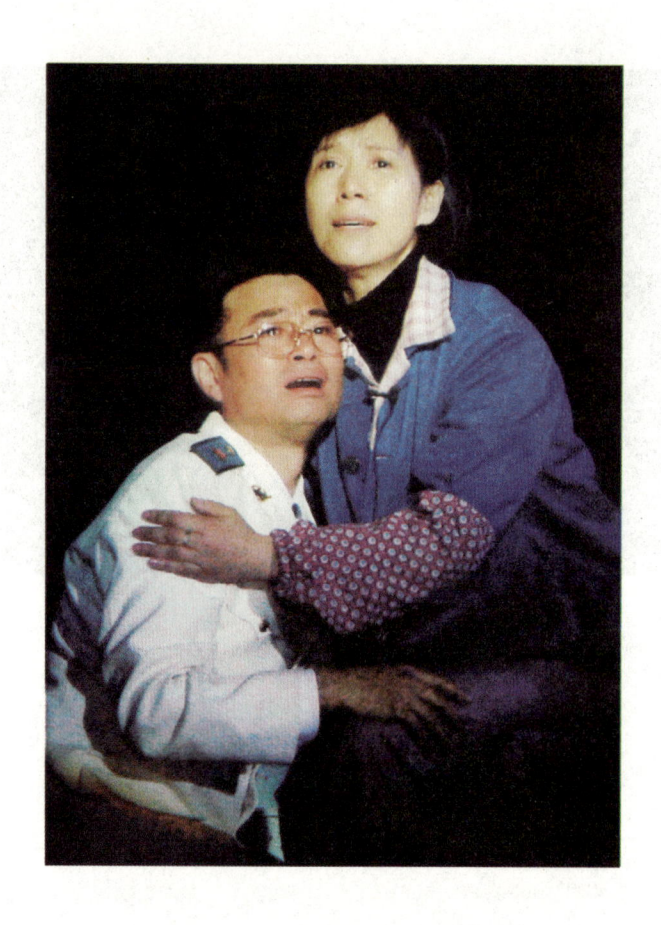

2009年，在《方永刚》中饰演方母

2010年，在《民意如天》中饰演乔珍

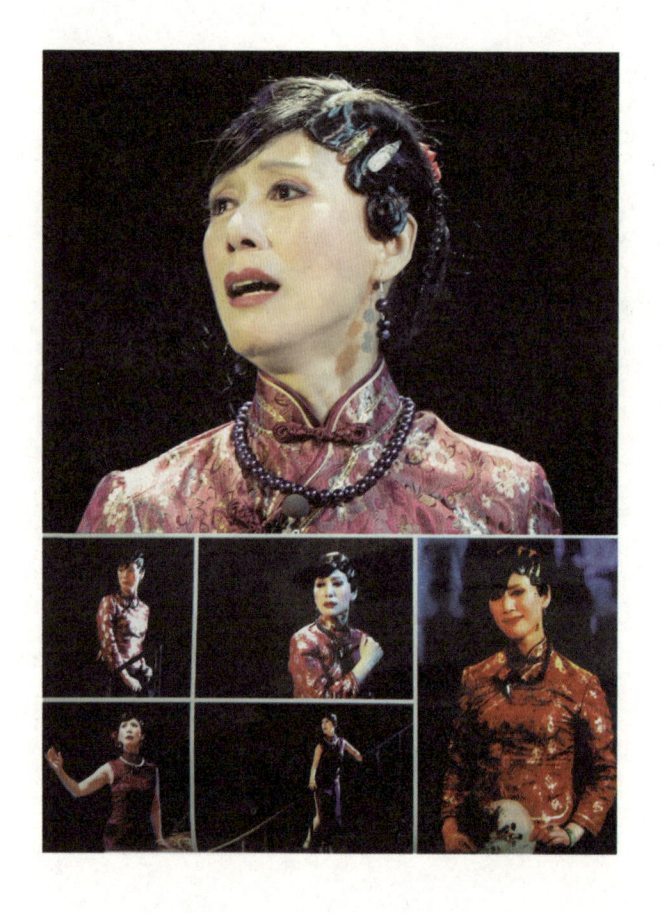

2011年，在《雷雨》中饰演繁漪

2013年，在《歌声从哪里来》中饰演魏教授

2015年，在廉政话剧《半套房子》中饰演董淑贤

2015年，在《春天的故事》中饰演邓榕

艺术年表

1978年　被评为旅大市先进工作者。

1981年　被选为共青团大连市第九次代表大会代表。

1982年　受到大连市政府表彰。

1984年　被评为大连市劳动模范。

1985年　被选为辽宁省妇女第四次代表大会代表。

　　　　荣获第二届大连艺术节表演一等奖。

1986年　荣获大连市优秀宣传工作者称号。

1988年　荣获辽宁省首届艺术表演赛一等奖，为大连"七五"献计策、出成果活动优秀奖。

　　　　荣获大连市三八红旗手称号。

1989年　荣获首届东北地区话剧节表演一等奖。

　　　　荣获大连市三八红旗手称号。

1991年　荣获第二届辽宁省戏剧"玫瑰奖"、第二届中国话剧"振兴奖"、第九届中国戏剧最高奖"梅花奖"。

	荣获大连市社会主义建设青年突击手荣誉称号。
1992年	被选为中国共产党辽宁省第二届代表大会代表。
1993年	荣获大连市三八红旗手称号。
1996年	被评为大连市改革时代优秀女性。
	享受大连市政府特殊津贴。
2001年	荣获大连市首届"十佳女名人"称号。
2003年	荣获第五届中国话剧最高奖"金狮奖"。
2004年	荣获大连市政府文艺最高奖"金苹果"奖、第六届辽宁省艺术节"文华奖"。
	荣获辽宁省三八红旗手称号。
2005年	被选入新中国六十年大连英模谱。
	被评为大连市劳动模范。
	演出的话剧《父亲》被评为国家舞台艺术精品工程精品剧目。
2006年	在大连市洁华艺术人才基金会第五届评奖中荣获杰出人才奖。
	享受国务院政府特殊津贴。
	在第三届大连新人新剧目展演中，演出的话剧《爱你在心口难开》荣获表演一等奖。
	荣获大连市三八红旗手、辽宁省优秀专家称号，入选2005年度大连市"十位有影响的文艺人物"。
2007年	荣获第十二届辽宁省戏剧"玫瑰奖"。
2008年	荣获大连市"十大女杰"称号。
2009年	被评为辽宁省劳动模范。

2010年　　被评为全国劳动模范，入选2009年度大连市"十位有影响的文艺人物"。

2011年　　入选2010年度大连市"十位有影响的文艺人物"。

2013年　　入选2012年度大连市"十位有影响的文艺人物"。